游走的手脚

中华武术

王子安◎主编

汕頭大學出版社

图书在版编目（CIP）数据

游走的手脚·中华武术 / 王子安主编. -- 汕头 : 汕头大学出版社, 2012.5（2024.1重印）
ISBN 978-7-5658-0838-8

Ⅰ. ①游… Ⅱ. ①王… Ⅲ. ①武术－介绍－中国 Ⅳ. ①G852

中国版本图书馆CIP数据核字(2012)第098610号

游走的手脚·中华武术

主　　编：王子安
责任编辑：胡开祥
责任技编：黄东生
封面设计：君阅天下
出版发行：汕头大学出版社
　　　　　广东省汕头市汕头大学内　邮编：515063
电　　话：0754-82904613
印　　刷：三河市嵩川印刷有限公司
开　　本：710 mm×1000 mm　1/16
印　　张：16
字　　数：73千字
版　　次：2012年5月第1版
印　　次：2024年1月第2次印刷
定　　价：69.00元
ISBN 978-7-5658-0838-8

目录

第一章

中国武术简要概述

中华民族是一个伟大的民族。在漫长的历史进程中，不同的历史时期对武术概念的表述也不尽相同。中国武术是中华民族在长期的历史过程中不断创造形成的一项运动。它主要经历了以下几个阶段：原始社会以生存为目的的阶段；战国时代以军事技能为主的阶段；隋唐宋元明清在民间广泛流传的阶段，以及民国、新中国成立后的系统化和规范化的阶段。中国武术，是中华民族创造和发展起来的，具有健身、护体、防敌、制胜的作用，被称为中国四大国粹之一。武术不仅具有很多潜在特点，而且具有很多实用性价值。本章将对中国武术做一个简要的概述。

中国武术的起源

◆原始社会武术开始萌生

武术是中华民族在长期的历史演进过程中不断创造、逐渐形成的一个运动项目。

中国武术的起源可以追溯到原始社会。早在100多万年前，兽多人少，在这样的自然生存环境里，在“物竞天择，适者生存”的严酷斗争中，原始初民为了生存的需要必须靠群体的力量与自然界搏斗，于是在之后的狩猎过程中，他们不仅创造了大量的生产工具（同时又是他们使用的武器），而且在与猛禽野兽的搏斗中自然产生了拳打脚踢、指抓掌击、跳跃翻滚等一系列的初级攻防手段，并且逐渐学会了制造和使用石制或木制的工具作为武器等格斗技能，产生了自觉运用这些技巧的观念。因此，在原始社会时期由于生产劳动的迫使，武术开始萌芽了。

现有的考古发现告诉我们：在旧石器时代，已出现了尖状石器、石球、石手斧、骨角加工的矛，而到了新石器时代末期，则出现了大量的石斧、石铲、石刀和

★铜 钺

★箭 镞

骨制的鱼叉、箭镞，甚至还有铜钺、铜斧等。当时的工具和武器是没有区别的。这些原始生产工具和武器，后来大部分成了武术器械的始祖。

在原始社会后期即氏族公社时代，部落之间为了占有和反占有、掠夺和反掠夺，各部落之间经常发生战争。这种经常性的、部落间的战争在很大程度上锻炼并且提高了人们的战斗技能。在部落战争中，远则使用弓箭、投掷器，近则使用棍棒、刀斧、长矛，凡是能用于格斗搏击的任何生产工具都成为战斗的武器，并且武器随着战争的需要得到了不断的发展。使用武器的经验经过归纳、总结，最终在实践中萌生了武术的技击技术。

战斗的演习和操练萌生了武舞——原始训练形式。据史籍记载中，描述了一次原始的盛大武术自卫演练：大禹时期三苗部族多次反叛，征伐多次未能使之降服。后来，大禹停止进攻，让士兵持斧和盾进行操练，请三苗部族的人观看这种“千戚舞”以显示武力雄厚，三苗部族从此臣服。这种古代的“武舞”就为后来武术套路的形成奠定了坚实的基础。

传说炎黄时代，东方有个以野牛为族徽的蚩尤部落，崇尚武技，勇猛善斗，特别善于徒搏角抵（摔跌）。他们头戴牛角或剑戟

★长 矛

样的装束，当与人交斗时，除用拳打、脚踢外，最善抓扭对方，用头顶触对方，使之不敢接近。后人称其为“蚩尤戏”。蚩尤的角抵是一种徒手搏斗，包含踢、打、摔、抵、拿等多种方法，既可用于战场，又可用于平时演练，对后世对抗性项目的发展有一定影响。

◆奴隶社会武术开始形成

公元前21世纪至公元前770年，即夏、商、西周时期，原始公社解体，私有制产生，人类进入了奴隶制社会。这一时期青铜器金属工具的大量使用，促进了生产力的大发展，中国古文化由此发端。这时武术也由原始状态下的雏形逐渐开始成为人们有目的、有意识、有组织的社会活动，开始成为一种“准武文化形态”，即文化形态上不完整，但已经属于一种具有独立特征和有着质的区别的武术文化。

1. 青铜兵器的广泛使用以及演进。木器已经被青铜器所代替，武器由简单到复杂，向多样化发展。铜矛、

★铜 剑

★铜 戈

铜戈、铜戟、铜剑等武器大量使用，形成了包括远射、格斗、卫体等进攻性兵器与防护装备的完全组合。

2. 攻防格斗术有了明显的提高和发展。按阵型队列进行武术操练成为作战训练的重要内容之一。格斗、角力作为军队训练的主要内容，促进了徒手搏斗技术的发展；练习射靶成为人们日常生活中的重要内容，成为武士的重要标志，极大地促进了射击术的发展。

3. 武舞是训练的一种形式。在此期间武舞开始分化。武舞既有表达感情的娱乐作用，又有习武健身的实用性，其动作组合为武术套路的形成打下了一定的基础。

4. 体制完备的武术竞赛活动初步形成，而且具有习武健身、寓德于武的意义，有更加丰富的娱乐性，成为古代重要的文体活动形式。

5. 武艺（周代“六艺”教育中的礼、乐、射、御）开始成为学校教育的重要内容，不仅在军事活动中，而且在其他活动中发挥着积极的作用。

中国武术的发展

◆前秦与秦汉时期的武术

1. 春秋战国时期，诸侯纷争，战争频繁。在这种社会背景下，社会尚武之风开始盛行，武术的格斗技能在军队和民间得到重视，所以武术的形式、内容以及功能等都得到了较全面的发展。加上铁器的出现和步骑兵的兴起，武器愈加精良，长短形态多样。这时武艺已普遍讲究攻防技巧，拳术出现了进攻、防守、反攻、佯攻等技能。此时的武术不仅具有适应战争需要的实用性而且具有表演性、竞赛性、娱乐性和健身性，成为人类文化的一个重要组成部分，战争武艺与日常武艺分流。日常武艺以个体性、自觉性武术意识出现为基本特征，并由此产生了技艺的复杂性与多样性。此时诸侯各国“以兵战为务”，对武术的格斗技能很重视，并在这个时期武术理论开始形成，比如，齐国宰相管仲为了使齐国强盛，实行兵制改革，责令官兵进行实战性武技训练。而且每年春秋两季，齐国都举行全国性的“角试”，选拔武艺高强的人员充实到军队中去。剑术在当时的吴越十分兴盛。古代有一位著名女击剑家就在越国，时称“越女”。她不但剑技出众，而且有一套“凡手战之道，内实精神，外示安仪，见之似好妇，夺之似猛虎”的技击理论。这是中华武术由实践升华到理论的重要标志。

2.秦汉时期武术由单纯的军事技能向竞技方向发展，并形成了流派。铁器逐渐取代了铜器武器有了新的发展，方法和技术有了新的提

★五禽戏

高并逐渐取代了剑在军事上的地位，剑开始转向了非军事用途并继续发展。角抵、手搏、击剑等新的竞技项目，以及在宫廷的酒宴中常出现剑舞、刀舞、双戟舞等单人的、对练的或集体舞练的武术项目；模拟动物或者吸取动物特点并结合攻防方法的拳种，如“沐猴舞”、“狗斗舞”、“醉舞”、“六禽戏”、“五禽戏”等编创而成，这对中国后世的象形拳术起到了奠基作用。攻防格斗技术和套路技术有很大的发展，如套路中的单练（剑舞、刀舞）、对练（空手对刀、剑盾对双戟、空手夺枪等）；《剑道》、《手搏》等介绍“攻守之道”的武术著述较多面世，武术流派的雏形开始出现。

◆两晋南北朝与隋唐时期的武术

1. 两晋南北朝时期是中国历史上一个分裂和动荡的时代，长期频繁的战事在一定程度上促进了武术的发展，并且在民族文化相互融合的影响下，武术的内容也得到了扩展，江南的富庶和偏安一带汉族政权的崇尚奢靡，以及城市的繁荣，又对娱乐以及表演武术有了更大的需求。程式化的武舞促进了武术套路技术的丰富和发展。佛教和道教在这个时期也和武术开始结缘。

2. 隋唐时期，与两晋南北朝时期的停滞状态相比，武术重新崛起。隋唐军旅之中，剑已逐渐被刀代替，但民间仍很盛行，文人也流行佩剑、舞剑。比如诗人李白、杜甫青年时皆学过剑术。而杜甫笔下的“昔有佳人公孙氏，一舞剑器动四方。观者如山色沮丧，天地为之久低昂。霍如羿射九日落，矫如群帝骖龙翔；来如雷霆收震怒，罢如江海凝清光。”的《观公孙大娘舞剑》，足以说明当时剑术套路已有相当高的水平。唐朝武则天首次推行“武举制”，以考试办法选拔武艺出众的人才，此时武术人才脱颖而出，这促进了民间和官方的练武活动。隋末就以武功闻名于世的少林寺，在唐武德年间，因助李世民平叛王世充有功，声名大震，官府许其自立营盘，演练僧兵，练武之风日盛。另外唐代的武术名将辈出，如李渊三子李元吉骁勇善战，是独当一面的将军，而李世民“结纳山东豪杰”，蓄养“勇士”800余人，其中有尉迟恭、程咬金、秦琼等武艺超群的骁将。

◆宋元与明清时期的武术

1. 宋元时期，中国封建制度继续强化，商品经济有了明显的发展，为武术的发展奠定了基础。武术无论从内容、形式还是技术上都有了进一步的丰富，武术体系也初步形成。武术从军事中相对地独立出来，沿着自身规律向前发展。

（1）军队实行募兵制，通过募选、武举考试选拔武艺人才。军事训练采用统一的“教法格”，并制定统一的考核标准，其训练的规范化与系统化促进了武艺的提高。

（2）兵器种类大增，形制复杂。各种兵器武艺呈多样化趋势，如剑、刀、枪、棍、斧、戈、鞭、锏等兵器的武艺得到了迅速的发展，还相继出现了七节鞭、九节鞭和十三节鞭等。

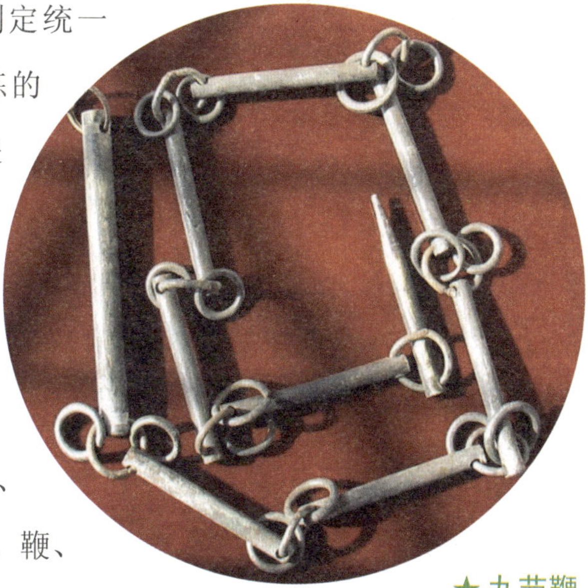

★九节鞭

（3）两宋时期，内忧外患，战火频繁，人民常结社习武以求自保。出现了“角抵社”、“英略社”、“弓箭社”等民间习武组织。民间结社为习武者提供了良好的切磋武艺的机会，为武术的

★七节鞭

交流、传播、发展创造了有利的条件。

（4）武术多侧重套路，把武术作为表演内容，统称“百戏”，常见的武术项目有角抵、使拳、踢腿、使棒、弄棍、舞刀枪、舞剑、打弹、射弩等。“十八般武艺”一词也出现于宋代典籍《翠微北征录》中。武术形式出现了多样化的特点，从《说岳全传》、《杨家将》、《水浒传》等古代武侠小说中可以窥见一斑。

（5）武学的开设，提高了习武者的理论修养，促进武艺与兵家武略的结合，推动了武艺实战理论与战术思想的发展。

2. 明清时期是中国封建社会的后期，社会矛盾尖锐，明末农民大起义以及清代民间秘密宗教的兴起，对武术的发展产生了一定的影响。这个时期，武术流派林立，武术体育进程已经完成，武术与传统文化交融，呈现出蓬勃发展的繁荣局面。具体表现在：

（1）套路技术和攻防格斗技术趋于形成和完善。有大量的武术著作研究套路内在的结构规律与运动形式，还有详细的动作图解。

（2）武术的社会功能向多样化发展。强身保健、修身养性、审美娱乐等功能与自卫防身功能一样受到人们普遍重视，以习武健身为主旨的发展趋势拓宽了武术发展领域，标志着武术的体育性更强了。

（3）流派林立。武术家“各有师承”，在传授武术过程中，互相吸收、借鉴、融合，逐步形成许多不同风格、特点的流派，当时的抗倭名将戚继光的《纪效新书》中就记载了“宋太祖三十二势长拳、绵张短打、温家七十二行拳、三十六合锁、山东李半天之腿、鹰爪王之爪、千跌张之跌”武术派别。著名的有少林、峨眉、武当等。武术流派的形成和发展，标志着武术已经繁荣发展到了一个新的高度。

（4）对武术进行了分类。由于武术在民间已有广泛群众基础，从而使各种流派的武术纷呈。当时，中国武术按地区分为南派、北派；按山川分为少林派、武当派、峨眉派、长江流域派、黄河流域派、珠江流域派等拳派；按宗教分为佛家的外功、道家的内功。而以武术门类，即分为太极门、形意门、八卦门、迷踪门，还有长拳类和短打类。清朝武术流派林立，象征着中国武术事业的发达。

（5）武术内容向多样化发展。各派拳术均有徒手与器械的练法。器械有长、短、软、双、冷兵器等。人

★冷兵器

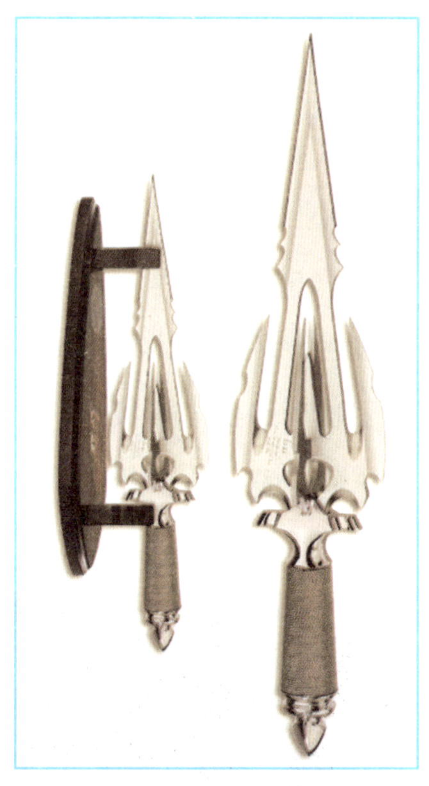

★冷兵器

们把练武的主要内容统称为“十八般武艺”，流行的套路已经有几百种之多。

（6）练武组织大规模地出现。清代民间秘密结社活动非常活跃。由于斗争的需要，“社”、“馆”把练武活动作为组织、教育和训练群众的重要内容，促进了武术的发展变化。

（7）随着商业的发展，保镖行业的兴起，出现了以武术为职业的保镖、镖师等。同时，整体观武术理论形成。武术与传统文化的融合，导致大量武术著作问世。如明代的《纪效新书》、《武编》、《江南经略》、《武备志》等，而且明代武术家著书立说众多，武术典籍图文并茂，保留了珍贵的武学遗产。明朝著名的武术典籍有戚继光的《纪效新书》、唐顺之的《武编》、俞大猷的《正气堂集》、郑若曾的《江南经略》、程宗猷的《耕余剩技》、何良臣的《阵记》、茅元仪的《武备志》、吴殳的《手臂录》等，清代蟫隐庐的《拳经拳法备要》、武僧湛举的《六合拳谱》、李亦畲的《太极拳谱》等。这些武术专著不仅系统总结了我国历代长期积累的武术运动经验，研究了套路技术、攻防格斗技巧和战术埋论，而且从人的整体出发，研究武术运动与人体的内在联系及其运动规律，从而使武术具有中国传统文化的民族特征。

◆民国与新中国建立之前的武术

中国从1840年以后进入现代社会。鸦片战争之后，火器的普遍使用，使得冷兵器逐渐消亡，武术的健身作用更为明确，武术主要以体育运动的形式出现在社会生活中，并且逐步成为中国近代体育的有机组成部分，由此而使得我国武术形成了自己独特的民族风格。

（1）城市武术组织广泛建立，推动了武术的普及和发展。如上海有“精武体育会”、“中华武术会”等30家武术会、社；北京有“北京体育研究社”、“中华尚武学会”等25家武术会、社；天津有“中华武术会”、“道德武术研究会”

等10多家武术会、社。其他大中城市同样建立一些武术会、社。1927年，张之江、蔡元培等26人发起成立了国术研究馆（1928年改名为中央武术馆）。各省、市、县也相继建立了不少武术馆，如1919年山东成立了“武术传习所”，1924年安徽成立了“拳术研究会”等。

（2）武术的体育化有了新的发展。国家不仅定期举行武术汇报表演，还在高等师范院校和体育学院开设武术专业，并组织专业人员广收众家之长，整理出诸如简化太极拳、中级长拳、初级长拳以及器械套路等武术文化成果。1923年4月，马良、唐豪等人联合在上海发起举办“中华全国武术运动会”，这是中国体育史上第一次武术单项运动会。1929年举行的第三届全国运动会，首次把武术套路列为表演项目。1933年，武术正式被列为全国综合性运动竞赛项目。这些措施推动了中国今日武术的普及，使武术运动得到长足发展。

（3）武术正式列入学校体育课程，编写了一些较好的教材。比如《国术概念》、《国术理论》、《中华新武术》、《少林武当考》、《八极拳》、《太极拳》、《青萍剑图说》、《查拳图说》、《八卦拳图说》等。

（4）组团出国表演。国民中期，精武会总部先后选派名手赴海内外分会执教，传播武术。1929年秋，福建咏春组成“闽南国术团”赴新加坡和马来西亚各地巡回演出。1939年1月，中央国书馆和国立体育专科学校组成南洋旅行社赴新加坡、马来西亚、菲律宾等地进行了65场武术表演，并且应邀到法兰克福和慕尼黑等地进行表演。这是中国武术走向世界的开端。诸如日本的空手道、合气道，朝鲜、韩国的跆拳道，泰国的暹逻拳，菲律宾的棍术等等，都在不同程度上受到中国武术的影响。

（5）武术研究逐步展开。西方体育的强烈冲击，

★泰国暹逻拳

急剧改变着中国传统体育的历史面貌和思想观念，人们对武术的认识不断深化，开始用科学的方法研究传统武术。有些新的武术专著开始出现，并且有的专著中开始使用现代自然科学为理论依据，从心理学、生理学等角度对武术进行研究，如《太极拳浅说》中有“太极拳与心理学之关系”、“太极拳与生理学之关系”、“太极拳与力学之关系”等内容。

◆社会主义新时期的武术

新中国成立之后，武术成为社会主义文化和人民体育事业的组成部分。武术本着以发扬祖国文化遗产、增强人们体质、振奋民族精神、建设社会主义精神为目标，在增进国际间的交往、走向世界的征途中，武术创造了辉煌的业绩，主要表现在以下几个方面：

1.加强、完善武术机构

为了加强对武术工作的领导，国家体委设立了武术研究机构，各省、市、自治的体委也分具体部门主抓武术工作。1958年9月，在北京成立了第一届中国武术协会，其后各地方乃至基层单位、体育院校也先后成立了武术协会。1982年、1992年、1996年三年，先后召开了全国体育工作会议，制订了武术进一步发展的方针政策。

2.武术的社会地位得到了空前的提高

国家体委视武术为民族瑰宝，武术工作者因此受到了尊重与重用，他们中有不少人进入各院校任教，为武术系科培养了武术专长人才。还有许多社会武术工作者在各地政府的支持下，为推广武术贡献了自己的力量。1984年，国务院正式确立武术作为一门学科，批准招收硕士研究生。1996年，又开设了博士研究生点，武术教育逐步进入了高层次文化教育领域。

3. 确立武术为竞赛项目

1959年，国家颁布了《武术竞赛规则》，以后又几经修订，引导武术竞技沿着正常有序的轨道发展。许多城市成立了武术队，建立了青少年体校训练的系统网络。竞赛性质由表演发展为锦标赛，并进入全国运动会、亚洲运动会和世界锦标赛。对套路运动坚持了“突出项目特点、严格动作规格、强化防攻意识、继承发展创新”及体现“高、准、美、新”的竞技技术方向。经过中国奥委会的努力，国际奥运会同意武术作为2008年北京奥运会的特设项目。虽然这既不是正式比赛项目，又不同于表演项目，不占用奥运会的金牌，但是中国武术界则将此视为武术正式进入奥运会比赛项目的“万里长征第一步”。这说明中国的武术已经离奥运会很近了。

4. 积极推广武术，使武术走向世界

中国作为武术的发源地，近几年曾派人先后到全世界多个国家进行武术表演和交流，宣传了我国的民族文化遗产。目前中国武术已风靡全世界。在美国，成立了诸如“全美中国武术协会”；芝加哥、纽约、旧金山等地成立了“少林功夫学校”。“功夫”、“少林”、“太极”、“武术”已成为中国文化的重要标志。中国武术以其具有的健身、技击、艺术欣赏等诸多功能，吸引着越来越多的武术爱好者。

中国武术的特点

◆寓技击于体育之中

武术最初作为军事训练手段，与古代军事斗争紧密相连，其技击的特性是显而易见的。在实用中，其目的在于杀伤、制限对方，它常常以最有效的技击方法，迫使对方失去反抗能力。这些技击术至今仍在军队、公安中被采用。武术作为体育运动，技术上仍不失为攻防技击的特性，而是将技击寓于搏斗与套路运动之中。搏斗运动集中体现了武术攻防格斗的特点，在技术与实用技击方面基本上是一致的，但是从体育观念出发，他受到竞赛规则的制约以不伤害对方为原则。如在散手中对武术中有些传统的实用技击方法作了限制，而且严格规定了击打部位和保护护具，短兵中使用的器具也作了相应的变化，而推手则是在特殊技术规定下进行竞技对抗的。因此，可以说武术的搏斗运动具有很强的攻防技击性，但又与实用技击有所区别。

套路运动是中国武术的一个特有的表现形式，不少动作在技术规格、运动幅

★武术套路之擒

★ 武术套路之击

★ 武术套路之打

度等方面与技击的原形动作有所变化，但是动作方法仍然保留了技击的特性。即使因演练技巧上的需要，穿插了一些不一定具有攻防技击意义的动作，然而就整套技术而言，主要的动作仍然是以踢、打、摔、拿、击、刺诸法为主，是套路的技术核心。它的攻防技击特性是通过一招一式来表现的，汇集百家，它的技击方法是极其丰富的。短兵中不宜采用的技术方法，在套路运动中仍有所体现。

◆内外合一，形神兼备

既究形体规范，又求精神传意。内外合一的整体观，是中国武术的一大特色。所谓内，指心、神、意等心志活动和气总的运行；所谓外，即手、眼、身、步等形体活动。内与外、形与神是相互联系统一的整体。

武术“内外合一，形神兼备”的特点主要通过武术功法和投法来体现。“内练精气神，外练筋骨皮”是各家各派练功的准则，如太极拳主张身心合修，要求“以心行气，以气运身”。形意拳讲究“内三合，外三合”，少林拳也要求精、力、气、骨、神内外兼修。此外，武术套路在技术上往往要求把内在精气神与外部形体动作紧密相合，完整一气，做到“心动形随”、“形断意连”、“势断气连”。以“手眼身法步，精神气力功”八法的变化来锻炼心身。这一特点反映了中

★少林拳

国武术作为一种文化形式在长期的历史演进中倍受中国古代哲学、医学、美学等方面的渗透和影响，形成了独具民族风格的练功方法和运动形式。

◆具有广泛的适应性

武术的练习形式以及内容丰富多样，有竞技对抗性的散手、推手、短兵，有适合演练的各种拳术、器械和对练，还有与其相适应的各种练功方法。不同的拳种和器械有不同的动作结构、

技术要求、运动风格和运动量，分别适应人们不同年龄、性别、体质的需求，人们可以根据自己的条件和兴趣爱好进行选择练习，同时它对场地、器材的要求较低，俗称“拳打卧牛之地”，练习者可以根据场地的大小变化练习内容和方式，即使一时没有器械也可以徒手练参、练功。一般来说，受时间、季节限制也很小。较之不少体育运动项目，具有更为广泛的适应性。这一特点可为现代群众性体育活动提供方便，使武术进一步社会化。

◆以“和谐”为基础

中国武术视“身心和

★对 练

谐”为真。所有的武术拳种视人体生命为一大系统，心与身是统一的，将人作为一个整体来看待和训练。认为人体是武功的载体，武功的强弱与武功载体的强弱密切相关。载体的强壮又可分为外部强壮和内部强壮，外部强壮固然重要，但更重要的还是内部强壮。以外练形体、内练精气神为训练对象，练意、练气、练力，是武术练功的三要素。

此外，武术视“天人和谐”为美。“天人和谐”——宇宙自然与自身的统一，是中国古典哲学“天人合一”本体论的体现，也是武术思想认识和方法论的根本观点之一以及武术养练功法的核心之一。作为武术运动对象的主体——人体自身，与宇宙自然的客体，二者有着内在的紧密联系，人是自然的一部分，受自然法则的制约，并遵循同样的运动变化规律。拳家们悟宇宙的变化规律而用于拳法，以阴阳、八卦、五行之变来喻武术运动之变，产生出刚柔、动静、虚实、进退、开合、往返折叠、闪展腾挪等概念和方法。要求“刚柔相济、动速静定、虚实分明、进退有序、开合有度”。

中国武术的价值

中国武术博大精深、源远流长，随着社会的进步以及政治、经济的发展，武术的功能也发生了巨大的变化。其主要价值体现在以下几个方面：

◆教育价值

武术教育历来重视“武德”，以“尚武崇德”作为武术教育的重要部分。武术教育可以培养见义勇为，尊师重教的良好风气。其次武术教育可提高人的综合素质，改造人生观和道德观，养成习武者与人为善、纯厚处世、宽容万物的气度。武术教育价值还体现在培养爱国主义精神，在世界武术比赛中，中国武术健儿

★中国武术健儿夺金摘银

夺金摘银，在中国武术散打对抗拳击、空手道、泰拳等国外搏击中，大获胜利，极大地鼓舞了中国人们的爱国情操，为做为一名堂堂正正的中国人而自豪。

武术文化是我们中华民族的优秀文化遗产，蕴含着深厚的东方文化内涵，它是一代代武术人，在前人的基础上不断发现、发明、创造而积累起来的，它的发展并不是一成不变的，而是一个不断变化发展的过程，这个持续发展的过程不仅体现了我国民族传统文化的民族性，又在一定的基础上反映出它的时代性，体现了传统文化的一个主要特点。

武术文化的教育特征是武术文化的主要特征之一，它从各个方面影响了我们的下一代，这也是体育教学的主要特征；武术的娱乐性主要表现在两个方面：一是在练习的过程中获得的愉悦感，另外一方面就是人们在观赏武术表演时获得美的享受；武术文化具有深刻的哲理思想，具有修心养性的功效。

武术在体育教学中的积极意义：

1.武术文化可以促进素质教育的发展

武术在其整个形成和发展的过程中深受儒家、道家、佛家思想的影响，而且另外还受到中国传统文化影响，使其蕴涵了丰富的内涵和深邃的哲理，从而形成了武术文化。武术文化正是在传统道德观和民族精神的滋润和培育下，带有鲜明的仁学色彩，成为我们这个仁义之国、礼仪之邦的民族特征。在学校体育课中开设武术课程，教师在传授武术基本技击技术的同时应给学生讲解其文化内涵，使学生在学习武术技击技术的同时接受优秀传统文化熏陶，“艺无德而不立”、“未曾学艺先学礼，未曾习武先修德”，这种谦和、尊师、忍让的态度有利于培养学生良好的道德情操。“冬练三九，夏练三伏”可以培养学生不怕吃苦、勇敢顽强的精神作风及意志品质。另外

★练武培养学生良好道德情操

通过无数中外的武林中人重义轻利、舍己为人、行侠仗义、保家卫国的故事以激发学生的爱国情操、振奋民族精神。总之，通过提升学生的人文精神，使其由一个自然的人成为社会的人、有用的人。不仅为他们的学习奠定了理论文化知识基础，而且使其拥有了健全的人格，从而推动素质教育的发展。

2.武术文化可以促进体育教学愉快的进行

在武术教学中，教师可以创设情境，利用情景教学法，把表现武术优良传统文化的一些情景在课堂上，用言语等方法把学生引导到某个情景之中，使学生在情景中学习武术技击动作的同时，还可以学习武术传统文化。另外，武术教学的过程就是一种美，它在教学中表现出的技击技术、动作套路、价值取向、修身养性等方面，可以说都是美的表现，同学们在欣赏美的教学环境中心情自然会愉悦，这样可以因避免武术课枯燥而造成的“学生喜欢武术但不愿意练习武术”的情况，从而促进武术教学愉快的进行。在中学体育教学中加强武术文化教育，有助于我们推动素质教育的发展，促进学生健康竞争意识的形成，树立正确的人生观和价值观，培养良好的意志品质，建立和谐的人际关系等都具有重要的现实意义。

3.武术文化与学生良好性格的塑造

武术文化精神历来被学生所崇拜，正是由于习武之人重义轻利、舍己为人、一诺千金的高尚品格，才成为后世许多卓越人物追求的人生崇高境界和遵循的道德典范，无数革命先烈赴汤蹈火，舍生取义，这正与武术文化所崇尚的侠义精神一脉相承。这些侠者精神的事例影响着学生良好性格的形成。青少年正处于生长发育的关键时期，他们的思想和意识还很不完善，心智还没有发育完全，正确的教育和引导有助于学生世界观的形成和发展。学生性格形成的影响因素有很多，包括生活环境、实践活动、自我教育等等。武术教学活动和交往中，学生获得的关于态度的信息和知识，受团体的期望和规定的影响并按照事物与自己需要之间的关系，逐

★ 学生练武

步形成对事物的态度和相应的行为方式。例如在体育教学中教师可以利用武术文化教学组织一些有趣并具有针对性的活动，培养学生关心同学、热爱集体事业、责任心、自制力、细心、认真而准确的学习态度和习惯，养成爱护体育设备，积极发挥主动性和创造性等良好的性格品质。

4.武术文化对学生良性竞争意识的培养

武术文化深受儒家、道家、佛家文化的影响，在道德伦理的限制下，形成追求礼让的竞争观，讲究不为人先、先礼后兵的大将风度，反映中国人刚强而不狂野、有理有节、“点到为止”的竞争特点，追求精神气质的优胜往往多于比赛的胜败。随着社会的进步，各种竞争日趋激烈，致使学生的心理大多承受不了较重的负担，再加上学校教育体制上的不完善，使得很多学生不能正确地面对竞争，有的选择逃避，有的选择不择手段，造成人格缺陷。学生通过武术文化的学习以提升人文精神，注重个人素质的提高，调节不良情绪，缓解竞争压力，培养学生树立正确的竞争观。在武术文化中修身养性的内容极为丰富，在教学中教师就可以利用这一内容去改变影响学生，使他们形成良好的竞争意识，避免学生在社会竞争中表现出攻击和侵略的天性。

5.武术文化对学生正确

人生观和价值观的塑造

学生的人生观和价值观是学生认知、情感、意志等多方面心理结构的综合作用的结果，随着物质文明的发展，校园里滋生出来的拜金主义和利己主义，严重影响着学生人生观和价值观的形成和发展，青少年正处于人生的十字路口，教师可以利用武术文化教学帮助学生培养和形成正确的人生观和价值观。人应当在正义的指导下去追求利，不能单纯的为了利而追求利，不能见利忘义，更不能以利害义。重义轻利，从来就是武术文化所推崇的武德信念。见义勇为、舍生取义也是武术文化所嘉许的，以此来培养学生明辨是非、刚强不屈的人格尊严，追求有意义的生命价值具有举足轻重的作用。现代社会应试教育下诸种的物欲横流、追逐名利、冷漠自保等错误的人生观、价值观在学生中逐渐形成，而体育课程中的武术教学从某种程度上就与现行的应试教育相反。武术教材与教学是从思想道德、劳动技能和身心素质等方面全面地塑造学生的人生观和价值观的。学生的人生观与价值观是学生的认知、情感、意志等多方面心理结构的综合作用的结果。学生从自然人成为社会人、文化人的过程中所形成的价值观、人生观，不仅仅靠的是认知教育而且也经历了一个个情景教育的过程。武术教育中就是借助武术知识课程和情景课程的统一，最终实现学生的自我人格，形成一个正确的人生观和价值观。

6.武术文化与学生意志品质的形成

学生的意志是学生自觉地确定目的，并根据自己的目的调节支配自身的行动，克服困难，去实现预定目标的心理过程，是学生的意识对一定客体的一种能动关系的反映。在武术教学中，教师应把学生的意志培养看作是武术教学的重要目标与核心内容。学生在练习武术时讲究“练内”与“练外”，即“内练一口气，外练筋骨皮”，这样内外结合，相辅相成，才可修炼出深厚的功夫。为达到这样的目的，学生不仅应在饮食起居方面有所节制和安排，而且在练功的刻苦、恒久上也要不断加强，一定要做到锲而不舍、自强不息。通过这个过程的磨练，无疑对培育他们“刚健有为、自强不息”的意志品质是十分有益的。培养学生良好的意志品质并非一朝一夕的功夫，因为人生的道路不会一帆风顺，将会遇到如家庭、社会或自身等各方面的种种困难。这些都需要有坚韧的毅力去克服。无论什么人立志无常，遇难改向，做事不能坚持到底，是无法成才的，要有耐心与始终如一的努力。古人曰：“贵有恒，何必三晚睡五更起”，要在学习、工作中取得优异成绩，必须始终保持旺盛的精力去全身心地投入，做事三分钟热度是一事无成的。坚持性的精神就是“恒”。

7.武术文化与学生美德的培养

武术教学中的内外兼修、德艺统一，是武术的宗旨，中国武术所有拳种流派几乎都以“内外兼修”为宗旨。这种内外兼修除精、气、神的修炼外还特别要求道德品质的修养，即讲求武德，使武术由一门技击技术变为惩恶扬善、除暴安良、驱邪扶正的教化手段。武术文化中的仁义观应该是学生的生活准则和好恶评判的标准，无论何时都有强烈的道德魅力，深刻地反映了中华民族善良诚朴、热爱和平的禀赋，处处表现出我们这个仁义之国、礼仪之帮的民族特性。因此传统武德中的爱国爱民、尊师重道、讲理守信等高尚品德与情操，在今天仍值得继承和提倡。武术宗旨和武德作为一种思想教育的手段历来被武术界所重视，学习武术的主要目的是培养学生伸张正义、卫身保国的精神。当前在社会上还存在着极端个人主义、拜金主义、享乐主义等思潮，对广大青少年起着腐蚀、侵袭的作用，所以我们提倡古人的践履精神，对于培养爱国家、爱集体、爱社会主义的一代新人具有重要的现实意义。当今社会纷繁复杂，学生面临的诱惑颇多，近年来犯罪低龄化正说明了这点。

因此，对学生的德育教育，特别是武德教育尤为为重要。大力弘扬中华民族的传统美德，着重培养广大青少年良好的心理素质，完善他们的人格结构，使其协调、自然、平衡、和谐，富有开拓性和创造性，成为有理想、有道德、有文化、有纪律、有中国特色的社会主义事业的建设者。

◆防身价值

练武防身是个传统观念，它与中国传统的伦理、文化及社会政治结构都有必然的联系。早在武术起源的初期，人类的祖先就开始使用棍棒等工具采用格斗的方式来对外界的入侵者进行自我防卫，由此可见，武术最初的功能还是为了防身，在很早的时候人类就有了自我防卫意识。

随着社会的进一步发展，人类学习武术的目的也随着发生了改变。在当代改革开放时期，人们的生活过的比较和谐，但是在这个时期，学习武术进行防身还是十分有必要的。2010年3月23日，是一个让人难以忘记的日子，在福建南平市的一所小学里发生了特大凶杀案，受害者中已死亡8人，受伤5人，有一人可能成为永久性植物人，面对这样的惨案，我们的教育机构应当合理制定武术体育课，让学生学会自我防卫术也是非常有必要的。

此外，国际风云变幻莫测，增加了许多不安定因素，人们渴望学几招擒拿、格斗，这样即便是身处危难时刻也能保护自己的生命财产安全。社会上各种武校和散打培训班多如牛毛，许多大公司老板都重金聘请保镖，这都充分体现了武术的防身价值。

◆健身价值

武术包含了我国传统医学、养生学和仿生学的诸多精华，注重“内外兼修”。强调意识与肢体动作的高度和谐统一，是最受人欢迎的健身项目。随着科技的发展，武术军事功能削弱，人们习武多出于养生健身，并且达到延年益寿的作用。武术中内功心法是古代的养生功法，因此，武术成为广大人民群众喜闻乐见的健身项目之一，至今长盛不衰。

早在古代，人们就已发现武术的健身价值。兵士们操练武术既能提高战斗技能，又能增强自身的身体素质。为此，古代著名军事家孙子云：“搏刺强士体。”由于古代战事频繁，参战人数众多，士兵体质的强弱往往就是军旅战斗力强弱的主要因素。没有强健的体魄，便不能掌握精炼的战斗技能，没有战斗技能则难于战胜对手。故而交战各方均十分注重增强士兵的体魄。一方面严格训练士兵，以锻炼体魄、胆识等；另一方面在招募士兵时就注意选拔“有拳勇股肱之力，筋骨秀出于众者”。由此可见，历代军队和民间以武健身之风十分

★太极拳

盛行。此外，为了适应不同年龄、不同体质人的健身需要，那些武师先人还创编了诸如“百兽舞”、“五禽戏”、“八段锦”等武戏及诸多具有较高养生价值的拳种，如太极拳、形意拳、八卦掌等，使武术与健身相映同辉，发挥了医疗、健身、养生的综合功效，成为体育健身与格斗技能紧密结合、体用并重的典范。

作为健身项目，武术有异于其他体育项目的根本点在于：武术注重“内外兼修”、“神形共养”的“修炼观”，强调意识与肢体动作的高度统一，即“心身合一”。所谓“内外兼修”的“内”是指人体内的脏器与人的心性、精神与意识。“外”是指人的体形体态。内外兼修就是在健身的实践中，重视精神意识、脏腑器官和体形体态的同步修炼，不偏废一方。所谓“神形共养”就是不仅注重形体的练养，还注意精神的调摄，强调意识对形体的主使作用，以达到形体健康、精力旺盛、身体与心理（精神）平衡发展。通过这种“内外兼修、神形共养”的锻炼方法，一方面能使作为生命载体的身体状态得到质的提高，另一方面又能在精神的感受中获得全新的内在体验。其他健身运动均是以肢体活动作为最先发动，尔后在活动中和活动后获得形体的锻炼和心理的欢悦。武术健身则是以意识的调摄为先导，最早从心、性、意、气开始，首先获得心理的调节，自“内”向“外”地推延发动，然后使形体得以充分运动，以此达到身心“中和”的炼养。武术健身最终不仅仅是获得一种锻炼与欢悦，而且能获得生命的内在自由与生机，使之日臻完善和完整，以至益寿延年，高度表现了人体生命与运动的同构形式。

当今，大量的科学实践证明了武术的健身与养生的作用。武术中的“以意导动”、“以意运气”、“以气运身”的法则对人的神经系统的煅炼也极为有益。以武练身整个活动中的“意存丹田，意布五梢”循环往复的念动训练使中枢神经兴奋性增高，应变能力加强。同时，通过活动使人的气血充沛、活跃，使分布在脑的毛细血管大量开放，增强脑部血液循环，从而加强脑细胞的供能条件，改善大脑功能，增进中枢神经系统的灵活性与稳定性。

武术讲求“内练一口气”，这“气”虽有多义指向，但并不否认呼吸在武术运动中的重要作用。武术运动的呼吸与自然呼吸相比，更强调“深、长、细、缓、匀、柔”，其腹式呼吸由于保持了腹实胸宽的状态，使胸腔宽松，为肺活动创造了良好的条件，有利于氧气和血液的畅通运转。

武术运动在提高骨骼肌工作能力的同时，也对骨骼的结构产生了一定的影响，在对老年人骨骼研究中发现，武术中一些绵缓型拳种对延缓骨质疏松及脊椎压缩性变形均有较好的效果。武术运动对于机体生理、生化方面的影响是全面的。长期从事武术锻炼，能发展人体的速度、灵敏、协调、柔韧、耐力、弹跳等综合体能素质；提高内脏器官的功能，促进身体的全面发展，增强体质；提高人体的适应性和免疫机能，延缓人的自然老化。

◆观赏价值

武术具有很高的观赏价值，无论是套路表演，还是

★2000年“中国武术散打王争霸赛”一幕

散手比赛，历来为人们喜闻乐见。唐代大诗人李白好友崔宗字赞他“起舞拂长剑，四座皆扬眉”；杜甫在《观公孙大娘弟子舞剑器行》著名诗篇中有“昔有佳人公孙氏，一舞剑器动四方。观者如山色沮丧，天地为之久低昂”的描绘；汉代打擂台，“三百里内皆来观”，这些都说明无论是显现武术功力与技巧的竞赛表演套路，还是斗智较勇的对抗性散手比赛，都会引人入胜，给人以美的享受，都具有很高的观赏价值。通过观赏，给人以启迪教育和乐趣。

武术要发展，必须靠

竞技来提高。北京申办2008年奥运会成功，增添了武术进入奥运会的希望。2000年“中国武术散打王争霸赛”举行，散打运动员去掉护具，增设围绳，开放技法，每位运动员都有响亮的绰号。场上生龙活虎，快如闪电的打斗场面，给人们留下了深刻的印象。李小龙等武术明星，将中国武术搬上银幕，征服了世界各地的观众，为中华武术走向世界，发挥了巨大的作用。在海内外影响巨大，观众如云。2001年全国第九界全运会上，武术作为非奥运项目，其金牌数又增加3枚，而这3枚金牌又全部增加到“散打”项目中，这预示着体现竞技性的武术散打观赏功能的加强。

◆经济价值

社会在不断进步，人们的价值观也在不断的提高，因此，原本仅仅是为了防身而诞生的武术现在已经不仅

★上海嘉定武术学校

仅是为了防身而流传至今了。武术发展到现在还具有一定的经济价值。

随着社会的发展，武术的经济价值越来越明显，各种武术产业，诸如武术健身娱乐业，武术竞赛表演业，武术器材服装业，武术电视讲座、转播业，武术赞助、武术馆、武术学校的修建、租赁，武术学校培训，武术竞技图书业等，都是武术作为一种劳务在为社会经济服务，为社会提供精神产品，满足人们享受和发展需要。武术散打正在拓宽商业化道路，“郑州国际少林武术节”就以武术搭台，经贸唱戏为一体，由此促进了当地经济的发展。还提高了河南在世界上的知名度。不少地方还举办武术节、武术博览会等活动带动经济的发展。“中国功夫对美国职业拳击赛”、“中国功夫对泰拳比赛”门票高达800元，但现场人山人海，为社会带来极大的商机。因此，大力弘扬中国的武术也可以为我国带来无限商机。

◆交往价值

武术运动蕴涵丰富，技理相通，入门之后会有“艺无止境”之感。群众性的武术活动，便成为人们切磋技艺、交流思想、增进友谊的良好手段。随着武术在世界广泛传播，还可促进与国外武术爱好者的交流。许多国家的武术爱好者喜爱武术套路，也喜爱武术散手，他们通过练武了解认识中国文化、探求东方的文明。武术通过体育竞技、文化交流等途径，在与世界各国人民友好交往中发挥着越来越大的作用。

武术作为民族传统文化和体育项目，在国际交往

★中外武术交流

中有特殊的政治功能。尼克松任美国总统时，中美关系紧张，为促进中美交往、对话，中国武术队访问了美国，使美国了解中国文化，为中美建交起了很大的作用。随着武术的国际化，国外爱好者与中国交流越来越多，各种武术交流活动也越来越频繁，由此，武术的社会交往价值功能日益突出。

第二章

中国武术三大流派

中国武术究竟有多少拳派，多少套路，至今没有人能说得清楚。我国历史悠久，幅员辽阔，各地区之间经济文化发展很不平衡，风俗民情也互有差异，所以各地区之间的武术风格也常常是各具特色，互不重复。

武术是一种文化形态，它不可避免地要受到地域因素的影响，又由于它基本属于纯粹的民间文化，所以它一直保留着原始古朴的风貌，没有受到外来文化的影响。

中国武术的主要流派都是从地域性文化派生出来的。中国武术流派繁多，除了三大宗派即少林派、武当派、峨眉派之外，还有其他流派，包括华山派、昆仑派、泰山派、逍遥派等多种派系，在众多派系中，还有从中分支出来的，如星宿派就是逍遥派的一个分支。众多门派发展流传，共同组成了中国的武术江湖。本章将向读者详细介绍中国武术的三大流派。

中国武术流派之“少林”

◆少林派的起源

少林功夫是汉族武术中体系最庞大的门派，武功套路高达七百种以上，又因以禅入武，习武修禅，又有“武术禅”之称。少林武术发源于嵩山少室山下丛林中的“少林寺”，该寺建于北魏孝文帝时期，根据《魏书》记载：“又有西域沙门名跋陀，有道业，深为高祖所敬信。诏于少室山阴立少林寺而居之，公给衣供。”少林寺因武艺高超，享誉海内外，“少林”一词也成为汉族传统武术的象征之一，如古龙小说中的“七大门派”即为“少林、武当、昆仑、峨眉、点苍、华山、海南”等派别，其中少

★少林寺

林位居第一门派。

关于少林派的起源，据北宋《景德传灯录》等书所载，南北朝时，后魏孝文帝大和年间（公元477－499年），达摩大师从梁国北来，面壁于嵩山少林寺，历时九年而功成，遂传《易筋》、《洗髓》二经，创立少林武术。这个说法，为多种典籍所载，唐代李靖又写了《易筋经序》。

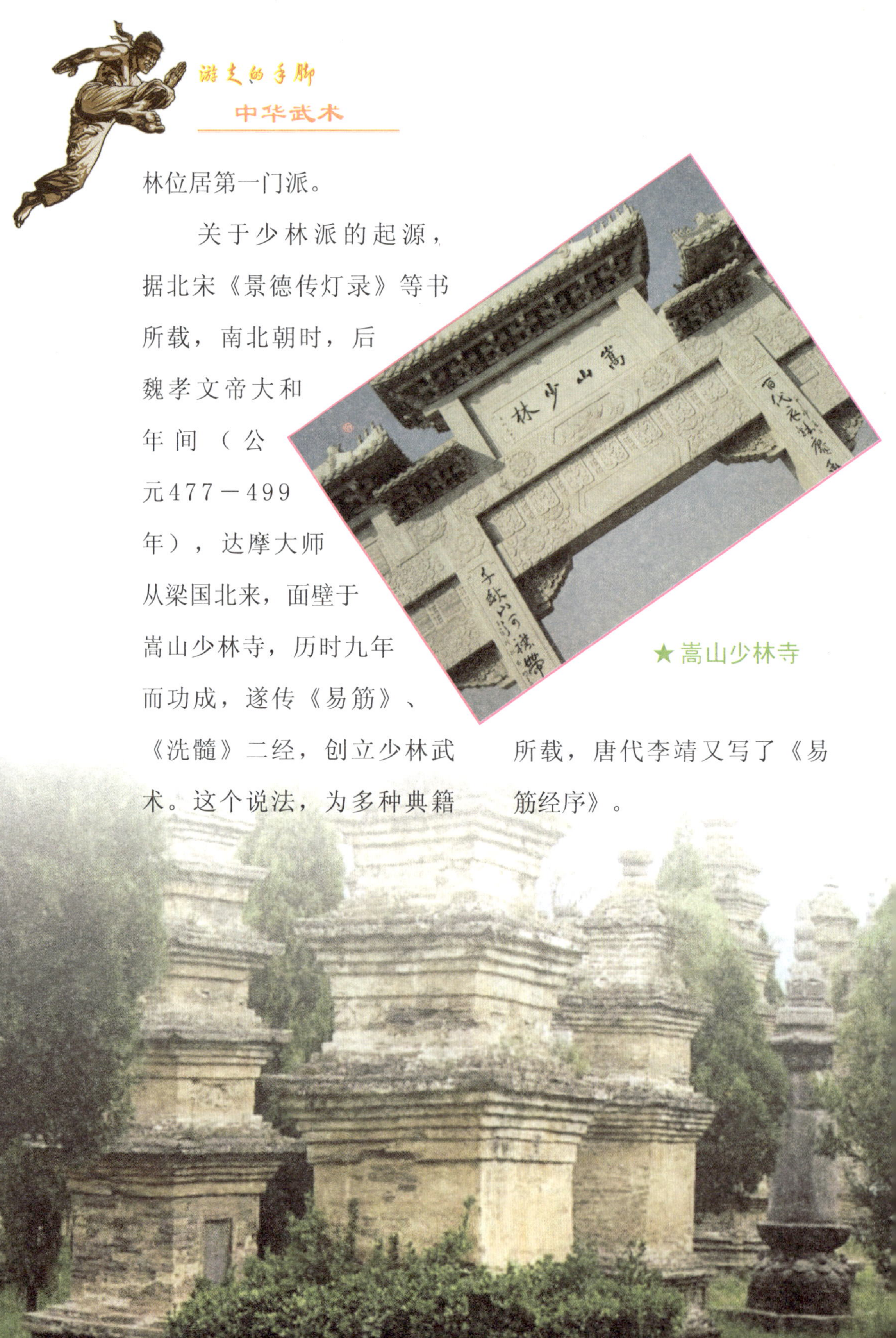

★嵩山少林寺

少林武术的发扬光大，始于隋唐之际的一件大事。隋朝末年，天下大乱，少林寺被山贼所劫，僧众奋起拒敌，贼人放火烧毁寺院。秦王李世民与郑帝王世充作战，少林武僧应邀相助，活捉王仁则，逼降王世充，这就是著名的“十三棍僧救唐王”，也是著名电影《少林寺》的历史原型。李世民即位后，对昙宗、志操、惠赐、善护、普惠、明嵩、灵宪、普胜、智守、道广、智兴、满、丰13人大加赏赐，少林寺再度兴旺起来，少林武术也开始繁荣发达，逐渐成为中原武林第一门派。

宋太祖赵匡胤据说也是少林俗家弟子。从宋到元，少林武术有了一个较大的发展。元代大圣紧那罗王传授少林棍法而自成一宗，福裕禅师汇集了少林短打，使少林武术的特点日渐突出，到明代便形成了少林“以搏名天下”的威望。明嘉靖二十三年（1553年）、少林寺组织僧兵到江南抗倭，天启五年（1625年）树立：“少林观武碑”，成为天下武林之宗。明代的著名武憎，有觉远上人、小山和尚、月空和尚，痛禅上人等，又有悟须、周友、周参、洪转、洪纪、洪信、普从、普使、广按、宗擎、宗想、宗岱、道宗、道法、庆盘、庆余、同贺、铉清18人，皆为武林中的超一流高手。明代后期，少林武术渐从以棍法为主转向拳法，之后又吸收了很多民间拳种，集天下武术之大成，形成了少林派。

清代康熙年间（也有的说是雍正），朝廷曾因少林寺藏匿反清义士“谋逆”而将其焚毁，并严禁民间练武，少林武术转入地下状态。据说后来由转入南少林的一支创立了洪门。清代的少林名僧高手有铁斋、致善、致果、天虹、湛举、五枚、古轮、妙兴、贞续、德根等。

◆少林派创始人

达摩，全称菩提达摩，南天竺人，婆罗门种姓，出家后倾心大乘佛法，自称佛传禅宗第二十八祖。中国禅宗的始祖，故中国的禅宗又称达摩宗。公元520－526年，达摩自印度航海来到广州，从这里北行至魏，到处向人们传授禅法。当时恰逢梁武帝信佛。达摩到了南朝都城建业会见梁武帝，面谈不契，后来乘船渡江北上。到了北魏都城洛阳，据说他在洛阳看见永宁寺宝塔建筑

★达摩像

的精美，自称已经经历了150岁了，虽历游各国但是都不曾见过如此精美的宝塔建筑，于是他“口唱南无，合掌连日”。后来在嵩山少林寺面壁九年，当时人们称他为壁观婆罗门。

有道育、慧可二沙门礼见达摩，并亲近和供养了达摩四、五年。达摩感觉他们十分真诚，传授以衣法。又把四卷《楞伽经》授与慧可说：“我看中国人的根器与此经最为相宜，你能依此而行，即能出离世间。”

东魏天平三年（公元536年），达摩卒于洛滨，葬熊耳山。

达摩在中国始传禅宗，“直指人心，见性成佛，不立文字，教外别传”。佛陀拈花微笑，迦叶会意，被认为是禅宗的开始。不立文字的意思是禅是脱离文字的，语言和文字只是描述万事万物的代号而已。这也是为什么慧能虽然不认识字，但是却通晓佛经的原因。只要明心见性，了解自己的心性，就可以成佛。经二祖慧可、三祖僧璨、四祖道信、五祖弘忍、六祖慧能等大力弘扬，终于一花五叶，盛开秘苑，成为中国佛教最大宗门，后人便尊达摩为中国禅宗初祖，尊少林寺为中国禅宗祖庭。

历史上还流传下来不少关于达摩的故事，其中家喻户晓、为人乐道的有：一苇渡江、面壁九年、断臂立雪、只履西归等，这些美丽动人的故事，都表达了后人对达摩的敬仰和怀念之情。

达摩晚年的事迹，各传都未明确记载。后人传说他遇毒而逝，葬于熊耳山（今河南宜阳县），但又传魏使宋云自西域回国时遇达摩于嵚岭。达摩手携只履翩翩独逝。所以又有“只履西归”的传说。

★熊耳山

◆少林派的发展历史

少林是中原武术中范围最广、历史最长、拳种最多的武术门派，以出于中岳嵩山少林寺而得名。少林武功起源于古代嵩山少林寺，并因此而得名。嵩山少林寺位于河南省登封县嵩山少室五乳峰下。它创建于南北朝时期北魏太和十九年（公元495年），是孝文帝为安置印度僧人跋陀前来嵩山落迹传教而建的。

跋陀禅师主持少林寺后，四方学者闻风皆至，徒众数百。这样，大量的民间习武者都充当了少林寺的杂役。在跋陀主持少林寺时，就已经有一些会武术或其他技能的青少年子弟被剃度为少林寺小和尚了。像惠光和

★方便铲

尚，十二岁时在洛阳城天街的井栏上反踢毽子，一口气能连续反踢五百次，跋陀感到很惊奇，就把他剃度为小和尚，作为自己的弟子。跋陀的弟子僧稠当小和尚时，体质羸弱，常受一些会武术的小和尚的戏弄，后来便发奋练武，居然练得拳捷骁武，体健身灵。跋陀禅师为创建少林寺、翻译佛经、传授佛法作出了巨大贡献，少林拳谱中还有跋陀传授方便铲和一路大刀的记载。

传说北魏孝明帝孝昌三年（公元572年），印度高僧达摩来到嵩山少林寺传授佛教的禅宗，面壁九年，静坐修心，被尊为中国佛教禅宗的初祖。当年达摩终日静坐，不免筋骨疲倦，又加上在深山老林，要防野兽和严寒酷暑的侵袭，在传经时，他发现好些弟子禅坐时间久了，昏昏欲睡，精神不振。为了驱倦、防兽、健身、护寺，达摩等人仿效我国古代劳动人民锻炼身体的各种动作，编成健身活动的“活身法”传授僧人，此即为“少林拳”的雏形。此外，达摩在空暇时间还练几手便用铲、棍、剑、杖等防盗护身的动作，后人称之为达摩铲、达摩杖、达摩剑，以后，他又吸取鸟、兽、虫、鱼飞翔、腾跃之姿，发展“活身法”，创造了一套动静结合的罗汉十八手。再经过历代僧徒们长期演练、综合、充实、提高之后，逐步形成一套拳术，达百余种，武术上总称“少林拳”。其中起过重要作用的是元代少林派拳术大师白玉峰、觉远上人、李叟等人，他们精心研究少林拳法，注意拳法的整理和传授，将少林拳中的“罗汉十八手”发展为七十二手，以后又发展到一百七十三手，第一次系统地整理出一套少林拳法。

隋末唐初，少林寺方丈为了保护庙宇的安全，从寺僧中选出身强力壮、勇敢灵巧或善于拳击械斗者组织成一支专门队伍。最初，他们的任务是护寺，以后，寺僧参与了政治活动，寺养僧兵，形成武僧。客观形势要求武艺向精湛的技击方面发展，开始了有组织的、严格的僧兵训练，每日操练棍棒。每天晨光曦微的时候，武僧们同起而习之，冬练三九，夏练三伏，长年不断刻苦练习武艺，对少林武术的发展、提高起了很大的作用。

少林寺的不少文物是少林拳起源的历史见证，特别引人注目的是白衣殿内的“少林拳谱”壁画，描绘了当年少林寺和尚练拳习武的真实情景：宏伟的寺院，张灯结彩，三十个身着短装，精神奕奕的健壮武僧，分成十五对，在演练少林拳，拳打脚踢，栩栩如生。除了行拳图外，殿内还有寺僧演练器械、挥舞棍棒的壁画，南北两壁有少林武术的“锤谱”，画面突出两个武僧摆开对打的架势，冲拳、拨掌对练。千佛殿是当年少林寺的练功房，地堂上还有

★少林寺白衣殿内的“少林拳谱”壁画

四十八个寺僧“站桩”的遗迹；只见砖铺的地面上留下两行直径约四、五十厘米的锅底状圆坑，一个个间隔约二米半，据说是众僧苦心学艺的时候，两脚踏踩而成的。这些都反映了古代少林寺僧苦练少林武功的真实史迹。

少林寺不少武僧在出家之前就精通武术，不少武艺高强的人士不满封建制度，看破红尘，削发为僧，成为僧兵队伍的骨干。少林寺还经常到各地邀请武林高手到寺传授拳法、棍法，发展少林武功。五代十国时高僧福居特邀十八家著名武术家到少林寺演练三年，各取所长汇集成少林拳谱，明代抗倭名将俞大猷也曾到少林寺传授棍术，所以少林寺实际上成了一个有名的会武场所，群英荟萃，各显神通。少林寺博采百家，在吸收各武艺之长后，又逐步发展成为包括有马战、步战、轻功、气功、徒手以及各种器械等许多种套路的武术流派，后代弟子结合中华民族固有的武技精华，融汇贯通，发展充实成为名扬中外的少林武功。

少林武功，经受实际战斗的考验，拳艺有了更大的发展，从此，闻名驰迩，开创了少林武功的新时期。少林寺极盛时期，占地一万余亩、大殿十四座、房屋多达五千间、寺僧发展到二千余众，其中拥有武艺高强的僧兵五百多人。传说宋代

★岳飞像

的开国皇帝赵匡胤和民族英雄岳飞等人，也得过少林真传，赵匡胤喜爱拳术，传下太祖长拳，曾将他的拳书藏于少林寺。古代《少林拳术精义》一书说岳飞神力得自某高僧，高僧所授岳飞的神勇力法在反金卫国中功勋卓著。明朝少林寺小山和尚挂过三次帅印征边，朝庭为表彰他的功绩，在少林寺前建立旗杆和石狮。

少林尚武精神千古流芳。历代多少英雄豪杰练就一整套格斗技能，在自卫抗暴、抵敌御侮中涌现了不少可歌可泣的动人事迹。明嘉靖年间，日本倭寇侵扰我国东南沿海一带，少林寺以月空为首的三十多个和尚应召组织一支僧兵队伍，开赴松江前线御倭抗敌，在战斗中，人人奋勇当先英勇杀敌，手持铁棒击杀倭寇甚多，后来因寡不敌众，月空等三十多位爱国和尚全都壮烈牺牲，以身殉国，用鲜血和生命为少林寺谱写了光荣的篇章。现在少林寺碑林与塔林中的石刻上，仍有当年爱国僧兵作战的记载。

除嵩山少林寺外，相

传少林寺先后在全国各地建立了十几个分院。明代在福建九莲山又建立的一座少林寺，也以发展少林拳术而著名。满清灭明后，不少爱国人士，不满外族统治，削发为僧投入少林寺，达宗和尚结交三山五岳英雄，创立佛教洪门，培育和发展洪门子弟，极力鼓吹反清复明，秉正除奸，南少林寺成为反清复明的大本营，洪门弟子的聚义厅，上上下下闪耀着精武强兵的刀光剑影，苦练杀敌本领。后来由于叛徒告密，遭到清政府派兵镇压，寺院被清兵烧毁。

辛亥革命前后，少林寺武功进一步在民间发展，各地武馆林立，不少爱国志士为了推翻清朝统治，积极学习少林武功。当时武术往往被用来作为革命的实战手段，许多地主纷纷建立“大刀队”、“梭标队”，练武成风，在反清斗争中屡建奇功。

新中国成立后，党和政府非常重视少林武术的发展，许多省、市成立了武术协会和体校武术训练班，进一步推广和发展少林武术，少林武功受到人们的景仰和喜爱，并深深扎根于民众之中。十年动乱期间，少林武术虽倍受摧残，但“野火烧不尽，春风吹又生”，打倒“四人帮”后，少林武功又重振声威，一个个武术训练班如雨后春笋开办起来，继承和发展了我国少林武术遗产，并为国家培养了大批武术人才，在出国表演交流中，为国家赢得了荣誉。

少林武功并非一人所创，而是凝结了千百万人民的心血。少林武术在漫长的岁月中由中华民族无数武林高手发展流传下来，是中华民族智慧的结晶。

◆少林派的武术流派

中国武术发展到清代至巅峰，一时间门户丛生。于是一套宋太祖三十二势长拳便也分成诸多流派，但其中最为有名的，还要数少林太祖门。

少林太祖门有南北两大流派。南派少林太祖门之太祖拳受到南拳的影响，宗法已略有改变，主要流传于南少林的发源地福建省的泉州、漳州等地。而北派少林太祖门则流传较广，并且保持了太祖长拳的原始风格，主要流传在山东、河南、河北等地。众所周知，北派嵩山少林分三大家，即洪家、孔家、俞家，而俞家少林又分二郎、邦它、罗汉、大圣、金刚、太祖等，其下又分多种流派。

以下将介绍少林的几个派系：

1. 洪家少林

洪熙官，籍贯广东省花县(现广州市花州区)，他是少林弟子，也是洪拳的创始者。

尽管早至司马迁已经知道“越(粤)人好相攻击”，但“攻击”者也，胡乱斗殴而已。在广东，真正称得上“术”的武术源自外省，而且来得很晚。有据可依的广东首位拳师名蔡九仪，籍贯肇庆，明末清初人，曾随洪承畴部队驻辽东，任军令承宣尉。1642年，洪承畴兵败降清之后，蔡九仪愤然投奔河南嵩山少林寺，学少林武功。经过8年的苦苦习练和掌门大师的精心传授，蔡九仪于1650年学成少林武功返回肇庆，并带回了师傅赠予的《少林拳术秘史》一书，便暗中开始收徒，传授少林武功，以图东山再起。

方世玉父亲爱好武术，是肇庆丝绸经营大户，与蔡九仪经常在一起切磋武艺，且交情特别深厚。自幼习武的洪熙官在亲亲的引荐下与方世玉、方孝玉、方美玉兄弟及梁亚松等人拜蔡九仪为师学习少林武功，后来此10

人被称做少林10虎。在恩师的教诲熏陶下，天资聪慧的洪熙官不但勤学苦练，还深得师傅至爱，蔡九仪传予其少林内功心法。短短几年，洪熙官不但领悟了少林功夫的精髓，且功力造诣高深。由于对当朝满人统治汉人极为仇视，为了对抗清廷、提高徒弟武功，1668年蔡九仪又带领血气方刚的少年洪熙官、方世玉等人拜泉州南少林寺方丈为师修习南少林武功。悟性极高的洪熙官将南北少林武功贯通一气，内外兼修，拳脚并用，练就刚柔相济、浑然天成的少林绝学。

据近年于福建省莆田地区发现的《南少林流派拳谱》载，康熙十一年（公元1672年）得密报后，朝廷派重兵围剿泉州少林寺。刀光剑影之下，洪熙官、方世玉等终因寡不敌众，寺僧星散，少林寺被毁。洪熙官、方世玉等凭借高强的少林武功，逃过清兵鹰犬的抓捕，秘密潜回广东。1673年，在清兵四处追杀之下，洪熙官遁迹广州，匿身于大佛寺继续修习少林功夫。同年3月，平南王尚可喜上书朝廷请求退休；8月，康熙谕令吴三桂和耿忠撤藩；11月吴三桂起兵抗令，“三藩之乱”爆发。值此之机，吴三桂秘密联络尚之信参与叛乱，并派遣间谍潜入佛山发展地下武装。山雨欲来，广州城内气氛之诡异可以想见。洪熙官利用这种大乱时机，广纳能

★吴三桂画像

人志士，建立地下武装。

洪熙官等人为了实现师尊蔡九仪匡扶明朝、逐出“清廷”的遗嘱，除了聚集大佛寺外，还在城外西禅寺成立据点，由方世玉兄弟负责。方家是经营丝绸生意的大老板，方氏兄弟正好利用西郊打工的“西房仔”（纺织工人）笼络人才。但入门不得其法，反跟带有帮会性质的“机房仔”屡屡斗殴，形迹暴露，终被特务机构觉察，拘捕过程中好些人当场毙命，方世玉等人逃回肇庆。

此时被清兵四处追杀的洪熙官也潜回肇庆。洪熙官与方世玉共同商议：把反清基地设在隐蔽的肇庆鼎湖山的庆云寺内。他们暗收门徒传授少林武功，广纳贤才，群英聚会谋大事。后不料被叛徒出卖，清兵包围庆云寺，意欲一网打尽，赶尽杀绝。

洪熙官凭借少林武功绝学，横空挥拳出击，杀出重重包围，从此隐姓埋名，浪迹山野，吸百家武功之精华，再将少林武功融会贯通，自创洪拳，游走四方，秘密传授其功法。时至今日，洪拳自成体系，拳法凌厉多异，招势浑厚有力，在全国广大武术爱好者中具有广泛影响。

2. 俞家少林

唐朝嵩山少林寺十三棍僧智空来泉州传授少林武术，逐渐形成南派少林功夫。到明代，东南沿海受到倭寇的侵害，民间练武的风气很盛行，泉州各乡里常常有两个馆，一个南曲馆，一个拳头馆。学功夫，除了拳术，还就地取材，除刀枪剑戟之外，生产生活用具，像锄头、扁担、长椅条，都会做武器，随手抄起来就是，弄起来有步有数，这是南少林的独特武术。

倭寇的骚扰侵犯，军民奋起抵抗，涌现很多抗倭好汉、民族英雄。最有名的是“俞龙戚虎”。俞是俞大猷，戚是戚继光。俞大猷是泉州河市人，传说老母是清源山水流坑人。俞大猷当年常常在清源山佚佗的一块大石头上跳起跳落练胆子。到俞大猷建功立业成名了以后，这块大石头就被人们叫

★戚继光像

做“练胆石”，俞大猷又在上面亲笔题四字——“君恩山重”，该处成为现时清源山的一处人文景观。

有一个同安人叫李良钦，他早年浪迹江湖，晚年回来泉州，住在凤凰山少林寺，凤凰山那时也叫东岳山。他一看见俞大猷体格好，脚手灵活，胆头又大，读书识字，人很聪明有志气，就对俞大猷说：“老夫曾得异人传授，通晓少林棍法，你可愿意学，将来报效国家？”俞大猷甚是欢喜，马上拜李良钦为师学功夫。一个愿意真心教，一个愿意尽心学，经过勤学苦练，俞大猷终于将少林棍法学到手，有了真本事。

有一次，李良钦和俞大猷对练少林棍，李良钦叫俞大猷大胆出手，“真刀真枪”进招，要试他的功夫深浅。俞大猷起初不敢真实落力，李良钦一面步步紧逼，一下赛过一下猛，一面叫俞大猷放手还击。俞大猷激起勇气，施展出全部所学的少林棍法。毕竟师父年老，徒弟少年，李良钦居然不是俞大猷的对手。李良钦十分宽慰地说：“果然是青出于蓝而胜于蓝，后生可畏！徒儿的少林棍法已在为师之上，将来必定会成大器！”后来，俞大猷又吸收教师刘邦协、林琰之要法，再取山东、河南杨家枪之妙著，使少林棍术无敌于天下，俞大猷成为文武双全的将才。

在明嘉靖十四年（1561

年）三月，俞大猷自云中南归，路过河南嵩山，想起恩师所传的少林棍术出自嵩山少林寺，饮水思源，到少林寺拜候。在寺内，俞大猷看少林寺武僧练武，特别注意少林棍僧的棍术，发现和师父李良钦所教的少林棍似是而非，没啥相同。再认真比较一下，觉得比自己掌握的少林棍法差很多，不像是少林寺的真传。

★ 俞大猷像

俞大猷腹内疑碍，便去拜会少林寺住持小山上人，并向他请教。小山敬重俞大猷是朝廷命官，又是战功赫赫的武将，就集合全寺所有精通棍术的千余武僧，各人尽展功夫，演练给俞大猷看。小山上人本来以为俞大猷看了一定会口服心服，大大阿谀鼓励一番。哪知俞大猷看了，摇摇头说："下官也粗通少林棍术，只是与众位师父所练的不相同。若不嫌弃，下官愿意献丑，请各位师父指教。"众武僧看见俞大猷要切磋武功，立刻叫好。

俞大猷将外衫脱掉，拣一支长棍，就踏马势出棍。将平生练就的少林棍法施展出来。只见他有进有退，有跳有闪，忽左忽右，忽前忽后，攻中有守，守中有攻，将一支长棍棍法摆出的姿势像出海蛟龙，矫健盘旋，上下翻飞。看得少林寺众武僧眼花缭乱，齐声喝彩。不但众武僧口服心服，小山上人也大开眼界，知道自己寺中少林棍术已失真传了，因此，就恳请俞大猷传授，众武僧也诚恳要求。南北少林本是一家，俞大猷为众武僧求艺心切所感动，也感到自己有传授少林棍真功夫的责任，就答应了。

但是，俞大猷军务在身，延误不得，要想学好武功，又非一朝一夕之事，所以就和小山上人一起挑选两个条件最好的武僧，一个叫做宗擎，一个叫做普从，跟俞大猷南下，随军学艺。宗擎和普从跟俞大猷学三年才艺成出师。俞大猷要送两个返去嵩山少林寺，哪知普从突然不辞而别，后来才知他走入邪路。擎宗和尚回去嵩山少林寺，尽心尽力传授少林棍术，经过十几年的努力，已经教出上百个高手，擎宗也成为一个受人尊敬的高僧。俞大猷回传少林棍，就成为武林中的佳话。

后来，俞大猷利用公务之余，把他少年时跟师父李良钦学的少林棍，结合自己多年演练的体会和临阵克敌的制胜经验，写成一本书，书名叫做《剑经》。怎么叫“剑经”不叫“棍经”？因为俞大猷是将棍当做长剑，剑经就是棍经。《剑经》一写出来，俞大猷的少林棍法就天下闻名，称做“俞家棍”，《剑经》也成为明代以来的武术经典。

中国武术流派之"武当"

◆武当派的起源

武当派在明代开始兴起，张三丰当时在湖北均县武当山创立了武当派、武当道。武当派以供奉真武大帝为主神。其实，武当山在明代以前早已是道教的活动圣地，汉魏以前就传说有不少羽客、隐士在此隐居修炼，武当和少林同称为武林的泰山北斗。

武当派除了传播道家教义之外，其武学方面则讲究以柔克刚，借力打力，以气息悠长见胜。太极拳特点是形神合一，用意不用力；太极剑的妙谛是圆转如意，绵绵不绝。武当派功夫讲究养气，不以外家劲力见长，而是注重内功的修养，初始修炼进境稍缓，而越到后来进步越快，兼且利用"四两拨千斤”和张三丰真人自悟的道家冲虚圆通之理在各家各派中占据了最高的地位，几乎掩盖了盛名传了数百年的少林寺。

南朝刘宋时（公元420－479年）的刘虬，就解官辟谷于武当；晋太康中（公元280－290年）有谢道通辞官入道，西上武当于石室中结茅修炼；唐太宗时（公元599－649年）姚简曾为武当节度，后曾隐居武当；五代宋初的陈抟也曾隐居武当，诵《易》于武当五龙观，又隐居武当九室岩服气辟谷二十余年之久，元代（1206－1368年）有法师叶希真、刘道明、华洞真等任武当提点（即道官）。元末，武当山遭兵焚，至明朝（1368－1644年），特别是明成祖朱棣、明英宗朱祁镇崇奉“真武”之神，曾命工部侍郎郭进、隆平侯张信等督丁夫三十余万人，花费银两计百万，历时七年，大修武当山宫殿，共建成八宫二观及金殿、紫禁城等，并赐名“太和太岳山”。明成祖朱棣还问张三丰“吾欲学道，谁最乐者？”张三丰对答：“食美嗜，遗通利，极乐事。”后又为成祖疗病，深得成祖信服，于是，张三丰名声大震，武当山由此大兴，并不断发展壮大。

张三丰在元时曾于河南鹿邑太清宫学道，熟读经书，曾至陕西宝鸡金台观学得养生延命之术，明洪武后又至湖北均县武当山玉虚宫五边树结茅庵修炼，修炼内丹大法，如武当内家拳、内丹睡功、阴阳调息功、筑基功等，他创立的武当道最大特点是：一是以崇拜“真武大帝”为主神，“真武大帝”即“玄武大帝”，因避讳而改称“玄武”，为北方七宿即斗、牛、女、虚、危、室、壁等七星的合称，以其形似龟蛇，故名“玄武”，其地位崇高而稳定，又为我国古代所崇奉的北方之神，亦为道教所供奉，更为武当派崇拜。二是重习三丰武当内家拳技。张三丰内家拳取道家以静制动，融合道教内丹炼养、无为、虚静、柔弱、自然于武术中，形成贵柔尚意的独特风格，实为

★金台观

内丹气功与武术的融合，之后的太极拳、八卦掌、形意拳等均是从武当内家拳演绎发展而成的。三是武当派主张三教合一，以“道”为三教共同之源，认为道统生天地人物，含阴阳动静之机，具造化玄微之妙，统无极，生太极，是万物的根本、本始和主宰，并强调：儒离此道不成儒，佛离此道不成佛，仙离此道不成仙。四是重内丹丹法，主张性命双修，强调要修仙道，先全人道，又主张大道以修心炼性为首，认为“未炼还丹先炼性，未修大药且修心，心修自然丹信至，性清自然药材生。”又强调“药”分内外，认为“内药是精，外药是炁，内药养性，外药养命”。而后炼精化炁，炼炁化神，炼神还虚，最终还虚而合仙道。张三丰开创武当派主要丹法著作有《金丹直指》、《金丹秘诀》等。

◆武当派创始人

张三丰是元、明时代著名的道士，生活时间跨越南宋、蒙元和明朝三个朝代（1247－1458年）。名通，又名全一，字君实（亦作“君宝”），号玄玄子，生于蒙古帝国统治的辽东懿州。还有一种说法是“南召县”。因其不修边幅，人称张邋遢。在各种张三丰的传记或有关他的材料里，还有全弌、玄玄、三仹、三峰、三丰遯老、通、玄一、君实、居宝、昆阳、喇闼、邋遢张仙人、蹋仙等诸多名

★张三丰像

号。游宝鸡山中，有三山峰，挺秀仓润可喜，因号三丰子。也有因“丰”字和“丰”的简体字同形而错称为“张三丰”。对于他的生辰籍贯也是有争议的，一般认为他是元朝末年、明朝初年的武当山道士，或作全一真人。

传说其丰姿魁伟，大耳圆目，须髯如戟。无论寒暑，只一衲一蓑，一餐能食升斗，或数日一食，或数月不食，事能前知。游止无恒。居宝鸡金台观时，曾死而复活，道徒称其为“阳神出游”。到了明朝的时候，张三丰自称“大元遗老”，时隐时现，行踪莫测。洪武二十四年(1391年)朝廷派人找他，但没有找到其踪迹。永乐年间，成祖多次派专门的使节去拜访他，结果都没有遇到他。天顺三年（1459年）诏封通微显化真人。张三丰认为古今仅正邪两教，所谓儒、释、道三教仅为创始人之不同，实则“牟尼、孔、老皆名曰道”，而“修己利人，其趋一也”，又称“一阴一阳之谓道，修道者修此阴阳之道也，一阴一阳一性一命而已矣，《中庸》云：修道之谓教。三教圣人皆本此道以立其教也”。他还认为：“玄学以功德为体，金丹为用，而后可以成仙。”后人编有《张三丰先生全集》并将其收入《道藏辑要》。

据《古今太极拳谱及源流阐秘》李师融先生的考证，张三丰卒年应在明代天顺二年，即公元1458年，其寿为212岁。从诸多的资料分析，确实证实了张三丰的生卒考，确实是享年212岁，这也是非常罕见的年龄，是历史上少有的超长寿的人。

时至正初，张三丰返回故里扫墓，当时他年已过百岁。又一次来到燕京的时候，昔日故交都已过世。在西山遇到了邱道人，于是二人互相叙道，才知道邱道人原来是早年相遇的高士。二人话别后，张三丰又到了秦蜀，并且周游荆楚之吴越，侨寓金陵，向沈万三传授道术。后来又回到了秦，住在金台观。至正十九年，张三丰离别金陵时预知沈万三有发配边疆之祸，于是向沈万三叮嘱到：“东西王气正旺，今后我们会在西南相会。”至正十九年九月二十日，张三丰阳神出游，弟子杨轨山以为他羽化登仙，于是为其置棺收殓，没想到张三丰又阳神回归。张三丰觉得杨轨山朴实善良，于是带着他归隐去。两年之后，元朝气数已尽，明新主又未

★沈万三像

立，张三丰又结庵武当山。此时他已一百二十余岁。居武当搜奇揽胜，见遍山宫观皆毁于兵火，他心里想着“此山异日必大兴”。于是带领道人将各处宫观废墟一一清理，修葺了庙观以延香火。

洪武十七年至十八年间，朱元璋两度诏请三丰入京，三丰皆避而不见。洪武二十三年，张三丰离开武当到外云游。洪武二十五年，张三丰遁入云南。这时，沈万三因得罪朱元璋，而被治罪全家发配云南。在云南恰遇张三丰，正应“日后当于西南会面”之说。永乐初，朱棣又命侍读学士胡广诏访三丰，岂料胡广在武当与三丰遇而不识。永乐十年，成祖朱棣调集军民工匠三十余万众，经十年，建成八宫、二观、三十六庵堂、七十二岩庙等庞大工程建筑。其时三丰混迹于民众之中，朱棣派人屡访不遇。据《张三丰外传》的记载，说在1418年春，永乐帝特意驱车去拜望张三丰，三丰不在，有兴而来，扫兴而归。永乐帝勃然大怒，于是命令一个叫胡广的人去招寻张三丰，如招寻不到，则要处死胡广。永乐十四年，朱棣怒斥胡广寻三丰不力，胡广再访武当，于武当祈祷，望三丰先生能念其诚苦应诏回京，终见到了张三丰。此时张三丰已经一百六十七岁。传说张三丰当时应太上老君邀请参加群仙会，正驾云头前往，路过武当时感应到了胡广的祈祷，于是按落云头，降于胡广面前，对其言："你且回京见驾，言我即去便是，不必多虑。"胡广便策马回京。跨年还得京师，才知到三丰先生早于前在金殿与永乐会得一面。此即为"金殿飞升"之说。此时三丰年已一百六十九岁。当时还有一种传说，说张三丰能飞身入宫、遁身而归，这些都不足为信。但有一点还是真实的，张三丰曾书字一函，令弟子孙碧云向永乐帝禀告，告之以具体的长生之道。因为皇帝都非常希望长寿，这也近乎常理。

清雍正初年，有汪梦九先生曾遇三丰真人多示其

★张三丰像

教。此时三丰应有一百七十余岁。

清乾隆十一年《南召县志》卷二中有这样记载：南召县太山庙乡口子河里有“张三丰故里石碑”一通，碑后有其草庵遗址。1917年此处立“张三丰初居此地，而道成于天宝观”石碑一通。（一说辽东懿州人）由于张三丰的神名噪起，明朝皇帝又给他三个赐号。即明英宗赐他为“通微显化真人”；明宪宗特封为“韬光尚志真仙”；明世宗赠封他为“清虚元妙真君”。史书记载张三丰龟形鹤背，大耳圆目，须髯如戟，寒来暑往仅一衲衣，雨雪天气蓑衣着身。1258年，宗教界爆发了中国历史上规模最大的一次佛道大辩论。蒙古大汗蒙哥亲临主持，嵩山少林寺长老福裕和全真教高道张志敬分别率队参加舌战，结果道教遭到惨败。从此，道教日渐衰沉。但一个世纪后，张三丰在武当山创立一个新的道派——三丰派，掀起了中国道教发展史上的最后一波，并成为武当武功的创立者。

◆武当派的发展历史

根据明末清初黄宗羲的《王征南墓志铭》记载，认为武当派由张三丰所创立。据说张三丰原本是北宋末年武当山的道士，徽宗召他入京，不幸的是，在半路上遇到了贼人，梦中元帝授其拳法，次日张三丰孤身杀贼百余人，于是创立了内家拳派。

还有一种传说，认为张三丰源出少林、精通少林精髓五拳十八式，将其统纳于十段棉长拳之中，变战斗搏击之法为御敌防卫之法，风格遂与少林大为不同、因此别树一帜、开创武当门派；又称内家。十年功成，声誉大震、又传出太极、形意、八卦等支派。

武当派的正式流传，大约开始于明代。武当山虽在唐代就开始建造道观，但真正的黄金时期却是在明代。明成祖朱棣登基，推崇武当道教，调集民工30万人；用了13年时间，在武当山修建了33处建筑群，号称八宫、二观、三十六庵堂、七十二岩庙、十二祠、十二亭、三十九桥等，绵延140华里，建筑格局均依经书上的真武修仙故事，由工部设计而成。至今武当山紫霄宫正殿梁上仍有大明永乐十一年（1413年）、十二年（1414年）圣王御驾敕建的字迹。三天门绝壁上则有“一柱擎

天”四个大字，蔚为壮观。天柱峰顶太和宫又称金殿，殿中供奉张三丰铜铸鎏金坐像。武当道教的黄金时代从这时开始，武当的武术门派，也是在这个黄金时代中产生的。

据《王征南墓志铭》，最早传授内家拳见于记载的是陕西人王宗、王宗传温州陈州同，到张松溪手里遂蔚为大观。张松溪，正德元年（1506年）前后生于温州，明光宗泰昌元年（1620年）左右卒于贵州玉屏。张松溪自称得张三丰真传，为武当派第三代传人。他后来游历江湖，又得峨眉真传，创立武当松溪派内家拳，武当派从此名声大震。传说曾有少林僧70人慕名而不服，上门挑战，松溪袖手安坐，兀然不动，一僧忽从半空跃起，施展连环腿法，想要以少林绝技破其气功。松溪仍是平心静气，只在少林僧攻势将至的一霎那，微微侧身抬手，少林僧便如断线风筝般忽然失了去势，飞出窗外，落在高楼之下。从此武当拳法，无人不服。

张松溪之后，武当派人才济济。产生了一大批武林高手。他们是：叶继美、吴昆山、周云泉、单思南、阵贞石、孙继嗟、李天目、徐岱岳、余时仲、吴七郎、陈茂宏、卢绍歧、董扶舆、夏枝溪、柴元明、姚石门、僧耳、憎尾等人。

总之，武当和少林一样，最初是以地域来命多拳系，到了后来便大大超出地域的范围，延伸出许多派系。武当派并不只是在武当山，正如少林并不只是在少林寺一样，它代表了一大批具有类似特点，如主静、主柔、出自玄门道教的武动派系，是一个广泛的概念。

◆**武当派的武术流派**

武当武术始于明代，流传至今，繁衍出众多派别，如松溪派、淮河派、犹龙派、神剑派、铁松派、龙门派、功家南派等，又有玄武派、北派太极门、白绵门等。至于太极拳、形意拳、八卦拳等，因其出自道家，人们常常将它们归入武当派，也有人认为它们是自成体系的。

下面将着重介绍几个派系：

1. 龙门派

龙门派是全真道分衍的支派之一。它承袭全真教法，处于道教衰落的明清时代。

该派尊全真七子之一的邱处机为祖师。尊邱处机弟子赵道坚为创派宗师。赵道坚（1163—1221年），原名九古，祖籍檀州（今北京密云），父任平凉府同知时，徙居平凉（今属甘肃）。李志常《长春真人西游记》载其事，《终南山祖庭仙真内传》列有其传。金大定十七年（1177年）入道，十九年，师从马钰于华亭（今属甘肃）。二十年，马钰还终南，命其往龙门山师事邱处机，易名道坚。元太祖十四年（1219年），邱处机应成吉思汗之诏赴西域，选赵道坚同行，为十八随行弟子之一。途经一年余，于1221年五月渡陆局河，七月越阿不罕山，十一月至赛兰城。赵道坚对尹志平说："我随师在宣德时，觉有长往之兆，颇倦行。后尝蒙师训，道人不以死生动心，不以苦乐介怀，所适无不可。今归期将至，公等善事父师。"数日示疾而逝。邱处机命门弟子葬九古于东郭原上。

据《钵鉴》、《金盖心灯》等所记，赵道坚下传第二代弟子为张德纯，号碧芝，河南洛阳人。元皇庆元年（1312年）受教，隐于华山，元至正二十七年（1367年）把自己所学传授给了陈通微，后来不知所终。

第三代弟子陈通微，号冲夷子，山东东昌（今聊城）人，原为正一派道士，受教后，周游各地多年，隐入青城山，于明洪武二十年（1387年）以戒法传周玄朴。

第四代弟子周玄朴，号大拙，陕西西安人，受教后，仍居青城。明景泰元年（1450年）以后，也不知所终。

此后，龙门派第五代分张静定和沈静圆两支传播。张静定，号无我子，浙江余杭人，受教后，还隐天台，于嘉靖元年（1522年）以教传赵真嵩。第六代弟子赵真嵩，号复阳子，山东琅琊人，于天台受教后，隐于王屋山，后传法于第七代弟子王常月，于崇祯元年（1628年）逝世。

另一第五代宗师沈静圆，号顿空氏，江苏句容人，正统十四年（1449年）受教，隐浙江金盖山，成化元年（1465年）以教授卫真定，之后再无人见到他。第六代宗师卫真定，号平阳子，浙江嘉兴人，受教后，云游各地，到了蜀国，传法与第七代宗师沈常敬，传说卒于清顺治二年（1645年），寿至二百零五岁。

以上第一代赵道坚为上托的开教祖师，第二代张德纯活到元末，其事迹难以全部凭信，第三代以后进入明代。据此，明代实为龙门派的肇建时期。在那个时期中，徒众甚少，还未形成独立道派。如第四代弟子周玄朴于洪武二十年（1387年）受教，其传记曰："是时玄门零落，有志之士，皆全身避咎。师隐青城，不履尘世五十余年，面壁内观，不以教相有为之事累心，弟子数人，皆不以阐教为事，律门几致湮没。"第五代宗师沈静圆于明天顺三年（1459年）至金盖山，挂单于书隐楼，也发出："慨仙踪之不振，吊逸绪之无承"的浩叹，而"有终焉志"其后，终明之世，不见起色。

明至清初，形势有所变化。清统治者为了笼络汉人，在顺治、康熙、雍正三朝，实行较为宽松的宗教政策，为道教的发展提供了较好的政治条件。加上当时民族矛盾尖锐，使一批怀着国破家亡之痛，又耻于剃发易服的明遗民，不愿事清，而愿隐居山林或遁入佛道，为道教的复兴扩大了道士来源。在上述情况下，龙门派第七代律师王常月从华山北上京师，挂单于灵佑宫，不久移住白云观，在那里传戒收徒，才使龙门派一度获得复兴，一改明代衰落的旧观。

自清初王常月先后在北京白云观，以及南京、杭州、湖州、武当山等地传戒收徒以后，龙门派确有很大的发展。发展中心在江、浙，遍及全国许多省区。尤以顺治、康熙、雍正、乾

★灵佑宫

★北京白云观

隆、嘉庆几朝为最盛。其间支派繁衍，不少支系更流传至近现代。因此它是中国封建社会后期最昌盛的道教派别，几乎成为全真道的代表。其盛况与佛教禅宗五家中的临济宗相类似，故世有“临济、龙门半天下”之说。

2. 犹龙派

犹龙派为全真道支派。又称隐派或隐仙派，为元明间张三丰真人所创。据说张三丰之丹法出自陈抟，始由陈抟传麻衣道者李和，麻衣道者传火龙真人，火龙真人传张三丰。此派以高蹈隐逸为宗风，故称隐仙派。又

★紫霄宫

由于此派称兼得老子门下文始、少阳二派丹法之传。

尊明初道士张三丰为祖师。洪武初，入武当，登天柱峰。使弟子丘玄清住五龙宫，卢秋云住南岩宫，刘古泉、杨善登（或作澄）住紫霄宫，自己盖了草庐叫做遇真观，在土城那建了草庵叫做会仙馆，派其弟子周真得驻守。洪武二十三年（1390年）拂袖长往，不知去向。明朝年间，太祖派道士访求，却不得而归。永乐年间，成祖又多次派人诏请，也没有任何收获。英宗天顺三年（1459年），封其为“通微显化真人”，宪宗成化二十二年（1486年），加封为“韬光尚志真仙”。张三丰虽传有若干弟子，但生前并未组建道派。宗奉他的道派，由其信仰者组成。据清李西月《张三丰先生全集·道派》，该派称为隐仙派，也称隐派或独犹龙派。并称张三丰承火龙真人，火龙师麻衣垂先生李和，麻衣师陈抟，陈抟师文始真人尹喜。至陈抟时，又兼得少阳派刘海蟾之传，合老子门下文始、少阳二派而为一。此说荒诞之处甚多，但张三丰曾受陈抟一系的思想影响，或许接近事实。此派形成时间虽不可考，但明清民国时期确有此派承传。《诸真宗派总簿》记有多个宗祖张三丰的道派。有：自然派、三丰祖师自然派、三丰派、三丰祖师日新派、日新派、三丰祖师蓬莱派等八个。三丰崇拜最初兴起于湖北武当山，随着武当道的远播，在其他地区分衍出更多的小支派，上述各派反映了这个事实。

3. 恒山派

恒山派是五岳剑派中的一个门派，位于恒山见性峰，有佛学渊源。嵩山派欲将五岳剑派合二为一，恒山派掌门定闲师太坚决不从，结果在侧霞岭、水月庵两处遭伏击，差点全军覆没。定闲师太被岳不群暗害，弥留之际，请令狐冲接掌恒山。令狐冲相助恒山派脱离险厄后退位，由仪清掌理恒山门户。

4. 功家南派

明宣德年间（1426—1436年），武当山上隐居着一个姓邓的道人，就是目前有根可寻的邓家功法的最早传授人。其功法在传授中有首特殊的戒规："传本家不传异姓，传儿子（包括儿媳）不传女儿。"邓钟山为邓家第九代传人。其性格与祖辈不大相同，他好周游。邓钟山遵守家规，对慕名求学者一律拒之不授。然而求教者中有数十人仍是真心所问，多年如一日殷勤服侍邓钟山。有个年长邓钟山十余岁的山东蓬莱武士李家年，对邓更有十二分殷勤。李家年唯一的要求，就是希望邓钟山能收自己的第六个称子——李老六为嫡传弟子。精诚所至，金石为开。由于众人的一片诚心，加之邓钟山做功已成"整身"，无从配偶，故膝下无子。至此，邓钟山方才打破森严的家规，决定开创一个独特的门派，取名为——武当"功家南派"。

清代光绪七年（1882年）冬，邓钟山先生应当朝两江总督左宗棠之聘，从湖北武当山来江宁府传艺。他在仓巷桥（在江宁县境内）开办了学堂，教弟子百余人，令其早晚练武，白日习文。据李松如回忆：邓钟山先生在仓巷桥所教授的百余名弟子中，武艺突出的有钟老八、杨拐子、姚中源等人。

赵石城清道光年间山东蓬莱人，其祖上代代习武。赵石城自幼得自家传，年少之时即习得一身好武艺。十六岁时便独身行侠江湖，遇不平之事则仗义相助。后又拜其舅父邓贵山为师，入武当功家南派并被定为嫡传开首弟子，从而如虎添翼。

黄春燕为清道光年间江苏扬州人。祖上世代为书香门弟，并有很多是中过状元或秀才的。其父黄彪曾做过文官，后因不满当政腐败，便愤然辞官返乡。黄春燕因随母亲来无锡迎接黄彪，中途出游太湖，遭强盗拦劫，而幸遇游侠赵石城相救，之后便随赵石城同往江宁（今南京），拜邓钟山为师，被邓师定为截止当“功家南派”的嫡传开首弟子（即第一代传人），从而练就了一身高超的武技。黄春燕后与赵石城结为夫妻，生有一子，取名邓继侠。

邓继侠为武当“功家南派”嫡传二世弟子。邓继侠自幼便随父母练“圈内”武功，深得全盘嫡传精奥。

李义侠、李燕侠，武当“功家南派”嫡传二世弟子。江宁（南京）人氏，为兄妹二人。他俩自出生后即被赵石城、黄春燕作为义子收养，并定为武当“功家南派”嫡传二世弟子，尽传“圈内”武功。通过十八年的勤学苦练，终于大功告成。从此“江南双侠”之名风靡一时。

李松如、李钟奇武当“功家南派”嫡传二世弟子。李松如（李老六之长子）系山东蓬莱人氏，清光绪年间人。李钟奇（李老六之北子）为河南人氏，清光绪年间人。他俩自幼得李老六真传，世称为“武坛隐叟”、“武坛二老”。

5. 玄武派

玄武派是武当山最为古老的一个派系，因为，武当山供奉的是玄武神，为此，最早建立的门派为玄武，武当山原名太和山，参上山，为火山，玄武神为水神，唯水能克火，此山有“非真武而不足当之”之意，故改名：“武当山”，随着玄武神的显赫，武当山的知名度也就越来越大，而后便成玄武神的代名，甚至取代了玄武神的知名度，为此，在“玄武派”传至第十二代时武当山又诞生了“武当派”，此时武当山大量的道人都皈依于“武当派”，“玄武派”从此断传。此后武当山高道倍出，从而又出现在了如：“武当清微派”、“新武当派”、“武当榔梅派”、“武当三丰派”等十几个派系。而今唯武当三丰派得以传承，其他门派均无传人。

武当山人称“仙室”，是中国道教的发源地之一，为中原道教的活动中心，为此中道教各教派诞生之后均相继传入武当，至使武当山成为了一个多派系同修的场所。

改革开放以后，宗教政策得到了落实，武当各派也恢复了传承，为了使各派系能在武当和蔼相处、共同发展，同时也为了便于武当道教协会的统一管理，1989年9月9日，武当道教协会经研究决定，恢复“武当玄武派”，将各派归纳于一派统一管理，当时区分派辈的方法是，武当玄武派承接原第十二代，继第十三代为承接的第一代，而武当道教开放后来武当山出家的第一代教徒（1985年12月30以前为第一代）为玄武派第十三代弟子，第二代（1968年正月初一至1989年12月30日为第二代）为玄武派第十四代弟子，再后五年一代排列，由武当道教协会统一收徒。

而今，武当“玄武派”、“武当三丰派”是武当山诸多派系得以传承的本山派系。

钟云龙道长是宗教开放后武当道教协会第一批前来出家的教徒，为此，钟云龙道既是“武当三丰派”第十四代传人（道号：清微），又是武当玄武派第十三代“通”字辈传人，道名：“钟通微”。

6. 白锦门

白锦门是由清初白锦道长所开创，其武技源自明嘉靖年间的陈州同。历经8代，现已传至佐门大师兄渌月，并掌有“武当白锦门秘宗武技”资料。以六种硬功和两种拳术为最。一般有两种打法：一为直，二为曲。直法是吸气贯力，一击可使人立刻受重创；曲法则不然，以柔力克之，被击者在20天以后，才能感觉已受内伤，且觉愈来愈重。

中国武术流派之“峨眉”

峨眉派，中国武术门派之一，流传到今天，已经成为巴蜀武术的代称，因其起源于峨眉山，故名。

◆峨眉派起源

在中国武术界，峨眉派与少林派、武当派鼎立而三，始于明代，而他们的历史渊源可以追溯得更为久远。可是由于历史资料的匮乏，能够找到这三派起源的记载寥若晨星。据有关记载，峨眉派则相传始于春秋战国时期司徒玄空创编的通臂拳。

◆峨眉派创始人

春秋战国时期，有不少文人方士隐居峨眉山。据

★峨眉山一景

★司徒玄空像

说有位武士司徒玄空，号动灵子，耕食于山中，在与峨眉灵猴朝夕相处中，模仿猿猴动作，创编了一套攻守灵活的“峨眉通臂拳”，学徒甚多。因为司徒玄空常着白衣，徒众尊称为“白猿祖师”。《中国武术史》记作“战国白猿，始白名士口，字衣三，号动灵子”。1989年四川科技出版社《四川武术大全》称为“春秋战国白猿公，字衣三，即峨眉山的司徒玄空”。2001年版《乐山志》载为“白衣三，相传战国时仿山猿动作创编峨眉通臂拳，攻防灵活，在峨眉山授徒甚众。”而东汉赵晔《吴越春秋·勾践阴谋列传第九》中记载，女侠越女应越王勾践之召赴朝廷途中，持剑与“自称袁公”的老翁以竹过招，“袁公飞身上树，变为白猿”。按这种说法，“白猿公”的传说在春秋时期就有了。赵晔是东汉人，那么白猿公的形象至迟在东汉出现。具体时间就难以考订了。明代抗倭寇名将唐顺之（1507－1560年，江苏武进人）在《荆川先生文集》中有一首《峨眉道人拳歌》，其中两句“道人更自出新奇，乃是山中白猿授”，这与“白猿祖师”的说法一脉相承。

《峨眉山志》记载，战国时期的司徒玄空，姓白，名士口，字衣三，仿山中灵猴的姿态创“峨眉通臂拳”，这是有史记载的中华武术第一人；因其爱穿白衣，弟子尊称其为“白猿祖师”。他还创有“猿公”剑法，并传剑于越女，称之为“越女”剑法。现在北京流传的白猿通臂拳，就来自峨眉山，其祖师就是司徒玄空。

在我国武术界，有三大武术发源地，一曰少林，一曰武当，再就是号称天下第六洞天的道教圣地，四大佛教名山之一——峨眉山。起源于峨眉山的武术，既具佛门禅功，也含道教气功，形成了自己独特的风格，声名远扬，被人称为峨眉派武术，与武当派、少林派武术鼎足而立。

峨眉山派初创于何时，成熟定型于哪个年代，至今尚无定论。相传，战国时有位司徒玄空，号动灵，在峨眉山仿照山猿动作，创编了一套“峨眉山通臂拳”，攻守灵活，学徒甚众。

◆峨眉派的发展历史

战国末期秦灭巴蜀，三国蜀汉与曹魏、孙吴连年征战，两晋南北朝时期西北氐羌和西南僚人大量涌入巴蜀，为巴蜀地区的武术吸收中原和其他地区以及少数民族武术的长处，为峨眉派的发展提供了机会。

魏晋时期，道教和佛教先后传上峨眉山。道士们通过“吐纳、导引、坐忘、心斋、守一”等内练法门，达到意与气连、气与神合的境界，形成气功，为的是祛病延年以求长生不老。僧人除了参禅打坐，也常常练拳踢腿、舞枪弄棒，一为调节枯燥的经课，二为强身健体，三为护院守寺。他们将道教的养生气功和山民的狩猎技艺糅杂在一起，开创独树一帜的僧门武术。

渐渐地有一些身怀绝技的武士加入了峨眉山的道佛之列。据明人方汝浩编辑的《禅真逸史》载，北朝东魏孝静帝年间（公元534—549年），武将林时茂（公元491—618年）来到峨眉山中峰岭修练。这位战功显赫的“镇南将军”，因受权贵迫害，避祸于泽州（今山西晋城）析成山间月庵出家，法名太空，号淡然，以号行。后任南京妙相寺副寺，再后来上了峨眉山，留下了“斩虎救妇”的美谈。他在经课之余，将自己的精湛武艺传授于年轻僧人，一时山上武风盛行。可惜，有关淡然法师这方面的史料阙如。

《中国神仙大全》一书中，叙写了唐末五代初峨眉山道士扬仙公的惊人武功，说他从铁匠铺借来铁锤自击头顶，或令人竭力乱打而毫无损伤，还常入森林中降虎伏豹。剔除这则记载中的神秘和夸张成分，也能领略到他的上乘气功功力和过硬的技法。

北宋时期，峨眉山成为中国佛教四大名山之一，普贤菩萨的道场，僧人大增，自然武僧也为数不少。到了南宋建炎年间（1127—1130年），峨眉山临济宗白云禅师创编了“峨眉临济气功”。据已故中国佛教协会副会长巨赞大师（1908—1984年，江苏江阴人）研究考证，白云禅师原为道士，后皈依佛门。他精通医学，将阴阳虚实和人体盛衰之机理，与武术中的动静功法相融汇，寓内功导引按摩术、点穴、布气、针灸于功法中，融养生、医疗、技击为一体，创造出了一套独具特色的临济气功术。因为这种集医、道、武术精华于一身的功法共有12节，后人称之为“峨眉十二桩功”。按照临济宗的规定，此功只能在宗内秘授，不得外传，故民间知之甚少。

康熙元年（1662年）湖北麻城孝感武举姜一怀，来峨眉山拜金顶朝天和尚为师，得“峨眉十二桩功”真传，后落户于南充，嫡传此功于后代。山西省中医研究所医师周潜川居士（1907—1972年，原籍四川威远），著有《峨眉十二桩释密》。1958年，周潜川将全部研究心得传授于巨赞大师。巨赞曾经来川收徒传授峨眉十二桩功。受巨赞指导的傅伟中先生，于1982年和1985年，由北京体育学院出版社出版了《峨眉临济气功-峨眉十二桩述真》和《峨眉临济气功-峨眉天罡指穴法》两书。这些书，对于峨眉临济气功走出佛门、流布社会、泽惠民众做出了贡献。此功分为文武两抛和大小两种练形法。练习文抛和小练形法，主要是祛病强身；练习文武两抛和大练形法的，既能为他人诊治疾病，又可以防身御敌。

在动功“峨眉十二桩”的基础上，后来又发展起了静功六大专修功：虚步功、重锤功、缩地功、悬囊功、指穴功、涅磐功。其中指穴功——三十六式天罡指穴法最具威力，它融气功、按摩、点穴、布气和武功为一体，又可称为“气功导引点穴按摩法”。

南宋时期峨眉山又有个德源长老，模仿猿猴腾跃翻滚动作，创编出一套猴拳。因为武艺高强的德源眉毛纯白，人称“白眉道人”，故这种拳术叫作“白眉拳”，一直流传至今。现在四川、广东、香港、澳门和美国、欧洲的华人，都有练习。德源长老还把峨眉山僧道的武技资料搜集起来，结合自身的经验，编写了《峨眉派拳术》一书，从理论上对峨眉武术实践作了系统的总结。这本书是目前找到的有关峨眉武术的最早文字资料。

明代，峨眉派武术进入鼎盛时期，英才辈出，高手林立，其拳法更为精湛。上引明人唐顺之的《峨眉道人拳歌》，生动而形象地描述了明代峨眉派拳术的高超技艺，从起势到收势的全过程，其神态、劲力、身法、击法、呼吸、节奏等各个环节，都记叙得细致入微。他用“忽而竖发一顿足，岩石迸裂惊沙走”赞其硬功卓绝；用“百折连腰尽无骨，一撒通身皆是手”颂其软功柔韧；用“去来星女掷灵梭，夭矫天魔翻翠袖”形容其动作敏捷；用“险中呈巧众尽惊，拙里藏机人莫究”概括其伸缩开合，变化自如，可谓精深之至。《峨眉道人拳歌》其30句，是现今找到的颂扬峨眉派武术的唯一专题诗篇。

除了拳术和气功，峨眉派的刀、枪、剑、戟等十八般兵器的技法，明代时也达到了炉火纯青、出神入化的地步。在中国武林中，峨眉派的剑术和枪法是最著名的。据传，峨眉剑是僧人在“白猿二十四法”的基础上逐步完善的，动作严谨，招式凶猛，击法明快，以巧取胜。民国时期，清音阁李真法师内功深厚，剑术尤精，有“峨眉剑仙”之誉，其门人遍及甘肃、陕西。明代著名军事家、武术家程冲斗（四川新都人）撰有《耕余剩技》，记述了“峨眉枪法”、“白眉棍法”等技艺。清康熙年间，曾经师从朱熊占学习峨眉枪法的明遗民吴殳（1611－1695年，号仑尘子，江苏娄江人）著《手臂录》，精确地阐述各种枪法，其中写道“西蜀峨眉山普恩禅师，祖家白眉，遇异人授以枪法，立机穴室，峨习两载，一旦悟彻，遂造神化，遍游四方，莫与驾并。枪法一十八札，十二倒手，攻守兼备，破诸武艺。”可见其变幻莫测，精妙绝伦。在峨眉枪法中，有治心、治身、动静、攻守、审势、戒谨、倒手等技法，大大丰富了峨眉武术的理论。

清乾隆五十四年（1789年），峨眉山大坪寺僧创编“浪子燕青拳”；五十五年（1790年），山僧模仿青龙白鹤之势，创编“六乘拳”；嘉庆年间（1796－1820年），龙神堂极善法师从山上黑龙江的湍急回旋水势得到启发，花了十年心血，创编出拳刚、掌巧、腿多变的“乌龙拳”。清末，仙峰寺神灯长老和紫芝洞清虚道长，与大江南北长城内外的各派武林高手交流，尔后回峨眉山，苦心编出“峨眉子午门武术”，以其多在每天的子、午二时练习而命名。其风格以子午拳为代表，还有子午枪、子午刀、子午剑、子午棍等器械技法。又有碧云、静云二道长创“八封拳”；光绪三年（1877年）付云和尚创“虎爪拳”。

太平天国翼王石达开的“记室”（即秘书）何崇政（四川名山人），兵败脱难后，削发为僧法号湛然，来往于川西、川东等地，以哥老会的组织形式，结交八方豪杰志士反清，曾经在峨眉山居住多年。他撰有《峨眉派拳术谱》一书（亦称《拳乘》），开篇有诗“一树开五花，五花八叶扶。皎皎峨眉月，光辉满江湖。”其中“一树”指峨眉武术，“五花”指巴蜀的五个片区，而“八叶”则指四川武林中的“僧岳、赵、杜、洪、化、字、会”八个门派。尽管现在四川武术界对“五花”有不同解释，对八个门派是否都属于峨眉派尚有争议，但足以说明峨眉派武术博采众长，其流传广泛和门派众多。

峨眉派中有一种独特的器具——峨眉刺，形似女人的发簪，在特定条件下可以作为刺杀武器；还有玉女拳等功法。有些武侠小说将这些神奇功法和器具加以演绎渲染，甚至借虚构的武林高手之口，推衍出峨眉派武术为某些尼姑、女侠开创，使不少人对峨眉武术源流产生了种种误解，很需要正本清源。

在长期的历史演变过程

中，峨眉派逐渐形成了自己的特色，从上述“峨眉十二桩功”和“天罡指穴法”可以看出，它既重视内气的修练，又讲究形体的结合，似快而慢，似柔而刚，刚柔相济，长短并用。

峨眉派在传承中善于吸收和融会其他门派的功法，也给其他门派输送了血液。他们在相互切磋中取长补短，不断推陈出新。隋代末年，云游到峨眉山的河南嵩山少林寺武僧云昙，就曾将少林拳法传授给了峨眉僧人。明代洪武年间，著名道士张三丰曾经到峨眉山传道，并向峨眉僧人学习了火龙拳、通臂拳等，尔后回武当山创编了内家拳。这武当内家拳“六路十段锦”的歌诀，第一句便是“佑神通臂最为高”，明白地道出了它与峨眉通臂拳的密切关系。清乾隆年间，善擒拿术的江西武术大师杜观印，来四川传授过“杜门拳”。光绪年间，广西杜林有姓周号大侠者到峨眉山与武僧共创“字门拳”。

◆峨眉派的武术流派

据清初《峨眉派拳术谱》上说：一树开五花，五花八叶扶，皎皎峨眉月，光辉满江湖。据此峨眉派武术可以有如下派系。

1. “五花”是从地域角度所分的五大支派：

（1）黄陵派，据说从陕西流入。

（2）点易派，以川东涪陵点易洞而得名。

（3）青城派，以川东道家胜地青城山得名。

（4）铁佛派（云顶派），川北较为盛行。

（5）青牛派，以川东丰都青牛山而得名。

2. “八门”是从技击风格角度所分的八派：

（1）僧门，又称“申门”。特点是巧、快、灵、动，如猢狲状，别名“猕门”。

（2）岳门，据说由岳飞所传，特点是矮桩，手法不划圆不成拳。

（3）赵门，据说为赵匡胤所传，借鉴少林派太祖长拳（据说也是赵匡胤所传）等拳法，特点是高桩。赵门又因习练红拳，称为“红门”。

（4）杜门，以传说中诸葛亮八阵图之“杜门”而得名，一说拳法传于自然门杜观印。特点是封锁严密，善于防守。

（5）洪门，相传以明太祖洪武年号而得名，习练大、小洪拳，特点是刚劲。

（6）化门，又称“蚕闭门”、“缠闭门”，三十六闭手如春蚕吐丝，绵绵不断，紧封敌手，使其不能施展。

（7）字门，又称“智门”，因收势摆成字形而得名，特点是高桩长手，起伏大。

（8）会门，又称“慧门”，以神拳为代表，讲究观师默像，念咒语，颇为神秘。

第二章

中国武术拳术套路系列

武术是一种文化形态，中国武术的主要流派都是从地域性文化派生出来的。中国武术至少有少林、武当、峨眉、南拳、太极、形意、八卦七大拳系。此外，中国武术还包括汉、回、蒙古、满等民族中流传的跤术。在中国武术七大拳系“少林、武当、峨眉、南拳、太极、形意、八卦”中，“武当与峨眉”有着拳法上的相通之处，具有浓厚的“道家”特点。本章将向读者介绍有关中国武术拳术的分类情况。

以“门”命名

◆余门拳

余门拳是四川地方拳术之一，传自四川简阳县余氏，形成于明代中叶，具有手法多变、短手寸劲、提砍砸压特点的“余门拳”，到如今已传至第11代。

★华 佗

余门拳在全国很有名，被载入了《四川武术大全》，主要分布在湖南，重庆开县、云阳，四川达州的达县、宣汉、万源等地。相传，“余门拳”由东汉末年著名医学家华佗创造的“五禽戏”演变而来，经历代相传，不断吸取各代名师的精华，逐渐形成独具风格的拳术。明朝中叶已成为东乡县（现宣汉县）余氏家族世袭拳术，传到余有福已是余氏第八代了。

清乾隆四十年（1775年），余有福不但继承了“五禽戏”中的绝妙功法，而且他还向其他门派名师求教，勤奋琢磨苦练，融会贯通，成为当地武艺卓绝的武林高手，闻名于宣汉。余有福既精于内、外两科，又是东乡县武术开派人物，当地向他拜师求教者甚多。因此，余氏家族世袭相传的武功，始传外姓，人称“余门拳”。

◆孔门拳

孔门拳是湖北地方拳种之一，属南拳类。据拳谱记载：孔门拳为明末清初人严伏所创，原称“空门”。严伏传子严龙、严虎，再传孔佐停，孔氏又传明应仙等，后称“孔门”。流行于湖北大冶、黄石、武汉、鄂州、鄂东各县及荆、沙、宣一带。粤、沪也有传习者。主要拳术套路有：虎占山、猛虎下山、龙虎斗、逼龙珠、龙势、虎势、凤势、九滚十八跌共8套。中华民国时期在武汉增加了“云燕”称半套，故有“孔门八套半架子”之说；器械套路有前开剑式、八仙剑等。

孔门拳以弓、马、虚、三七、独立与坐盘等步型为主；步法以中桩侧身一字开裆步为主，多以脚前掌着地，成趾落膝跪，龟背牛臀之式；拳法有侧、化身、冲、捞等；掌法有滚、搓、撤等；手法有云、十字、枝字、拿、鸳鸯飞花等；腿法多箭弹，还有踢、缠、扫、崩等。套路中还有窜跃跌扑动作，如鲤鱼打挺、乌龙绞柱、抢背等。身法要求窝身窄扁，吞吐浮沉。总体特点是：拳架舒展洒脱，轻快灵活，柔中寓刚，手腿并用，既有南拳刚劲挺拔及手法丰富的特点，又吸收了长拳中的部分腿法及轻巧利落的跌扑跳跃动作。

◆严门拳

严门拳源于湖北，在江汉平原流传三百余年，严门拳传系繁复，后和稍后起源于同县的熊门拳共处流传，从学互练，技艺交流，故有严熊难分之说。基本理论：主张“先打匡，后打灵，然后打擒、仃、沉”。讲究阴阳、五行、八卦与脏腑、气血、四肢相合之理。要求七节八寸，九处相连，十二节相对。技击讲三战：出手为奸战，沾手为滑站，打手为急战。去势如秀女之形，动看如虎狼之心，去者要轻，动者要灵，打者要沉。

◆熊门拳

熊门拳，是指清朝嘉庆年间京山县人熊开元对发端于西汉末年的绿林起义军，后流传于京山民间的武术加以挖掘整理，并在其基础上加以发展后而形成的一套系统的武术套路。

熊门拳现为湖北地方拳种。其拳讲究“擒拿封逼，吞吐浮沉”八法，拳势四平中桩，要求盘膝悬裆滚肩，动作快速。以掌法为主，擒拿见长。套路有太乙金刚唐手，分为10趟，共108手。

据传发生在西汉末年的“绿林起义”，对而后中国社会近两千年民间武术的发展，有着深远影响。“绿林”一词几乎成了“武林”的代名词，“绿林好汉”也就成了对武艺高强、行侠仗义者的尊称。据《湖北武术史》记载，内容丰富、套路繁多的熊门拳就发端于绿林起义军。熊开元编创的熊门拳术、熊门功法、熊门医学、熊门养生，使京山传统武术这一民族文化遗产在原有的基础上向前发展了一步，以其别具一格的风姿矗立于武坛。熊开元传子熊德安，熊德安传子熊玉廷，熊玉廷传众多弟子，使此武功得以广为流传，并以“熊门拳”之名传世。如今，熊门拳现已被列入湖北省省级非物质文化遗产名录。

◆自然门拳

晚清年间，神州大地习武之风盛行，武林中的新门新派也不断涌现。作为近代武林名拳之一的自然门武术也是创世于此际。始祖就是世称“徐侠客”的徐矮师。

相传自然门徐始祖乃贵州人氏，人皆不祥其名，只知姓徐。因其身形矮小，下颌刚甫桌面，故俗称“徐矮子”、“徐矮师”。在此之前，中华武术有南北二派，内外两家、少林武当峨嵋三大门，武林中三百六十拳种，其中均未闻有自然门者。“徐矮子”自幼年起即习练各种软硬功夫，翻筋斗、走软索等无所不习，内外家、南北派无所不通。成年后遇奇人传授，并开始闯荡江湖，遍访名师高士，技艺始得大成。因其身材矮小且貌亵，不为人重，故而隐居深山大川，潜心研究技艺，综其所学，对各种门派的武术进行潜心研究，并独僻蹊径，熔合各派精纯之长于一炉，始创独特武术拳法，并自命名为自然门。

自然门武术不似其他类别的拳种，有各种烦杂的套路，整个自然门注重的不是拳而是功，即自然拳；自然功，自然门产生套路的着眼点，完全是为了练气，讲究拳行自然，圆转自如，不呆不滞，软脱灵活一气呵成。自然拳主要有：令牌式、雅雀式、回身式、长手推掌、捻步、翻锤、撩打、削掌、上山虎、靠打、炮闪、平胸掌收式等姿势。自然门打法概括为19个字，即：生、擒、捉、拿、闪、躲、圆、滑、吞、吐、浮、沉、绵、软、巧、脆、化、妙、神。

以姓氏命名

◆洪家拳

洪家拳为南拳拳种之一。洪家拳俗称洪拳，相传已有300多年的发展历史，在广东流行甚广，是广东“洪、刘、蔡、李、莫”五大拳之首。其流传区域也十分广泛，如四川、湖北、湖南、广西、陕西、香港、澳门等地，在澳洲、美国、加拿大及东南亚一些国家和地区也颇有影响。据说系清代民间秘密结社洪门假托少林所传习的一种拳术。洪门相传创于清康熙十三年（1674年）。另传起于清顺治十八年（1661年）明将郑成功在台湾创立的“金台山”，该组织以明太祖朱元璋年号“洪武”的“洪”字立门，故称洪门拳。

中国南派武术，首推福建及岭南两大支流，两者皆为少林武术，因地域上的分别及个人喜好上的分别，使两者的拳路上明显地产生区别。

福建少林拳其腰马的步幅较窄，桥势较密，善于近身发劲以短打为上，其代表拳种有五祖门、白鹤、白鹤、虎形、狮形、龙尊等。

而岭南一支，则首推“洪、刘、蔡、李、莫”五大家，而少林洪家拳则被推为五大家之首，驰誉岭南一百多年，为正宗南少林的一大分支。当今洪家拳在世界各地的武术界中，可说占有一席重要的地位，而这些世界各地的洪家拳馆，是由香港传播至各地，故他们的洪家拳普遍与香港所承传的体制相同。

洪家拳的源流，相传发源于福建蒲田少林寺，由当时主持至善禅师所传授，其俗家弟子闽人洪熙官得技后，来粤开宗创派，是为洪家之祖。其拳路则较福建少林拳路为阔，腰马的步幅也较大，作战距离则长短俱备。其拳势对日后的岭南拳派影响尤深。

至善禅师的得意弟子中，有个叫做陆阿采的人，其技法随得其师的真传外，且得其师兄洪熙官所指引，武技更上一层楼。晚年时在广东海幢寺将技传给黄麒英、黄飞鸿父子，及后黄飞鸿以洪家拳技，驰誉广东武林。其弟子中以梁宽、凌云

★广东海幢寺

★黄飞鸿像

佳、林世荣、陆正刚最为著名。

香港的洪家拳，多由林世荣所发扬，其门下弟子以林祖、朱愚齐、陈伯祺、韩冲、韩开、胡立功等能得其技，它们的弟子遍布香江及世界各地，同时推动洪家武术使洪家拳能在海外发扬光大，林世荣的洪家拳也是从最多人所传习的拳种学来的。洪家拳得以光大门楣，林世荣实应记一功。

洪家拳技之特式，多以长桥大马、以坚固著称，攻守严紧，桥手以虎爪、剪手为本，马步则以四平大马、子午马、麒麟马、吊马、坐盘为主，拳术中以洪家五战为主，即铁线拳、工字伏虎、虎鹤双形、五形及十形。再加上黄飞鸿所创的十毒手，可使训练习者体会到洪家拳技的精湛之处。

◆刘家拳

刘家拳是南拳流派之一。刘家拳为广东洪、刘、蔡、李、莫五大名拳之一，排列第二位，相传刘拳是在乾隆年间由刘生所创，后由刘三眼和刘青山所授，他们都是湛江地区人氏，同是刘姓，故又名刘家拳。该拳短小精悍，步型稍高，步法灵活多变，含胸蓄气，擅发短劲，出拳后肘微屈。刘家拳以灵为主，短桥短马，功夫硬朗，灵巧敏捷，步走四方，拳打八面。如进似追风箭、退似雷电闪、走步须

★ 刘家拳

灵活、出手似云烟，它多是以吊马、拖马、侧闪等的技法。其拳术套路有大运天、小运天、十拳、天边雁、八图功、刘家五形拳、刘家刀、刘家棍等。

短桥短马、幅度较小，动作以快为主，注重贴身短打。手型有拳、掌、指、爪、勾。步型有四平马、弓步、虚步、跪步、歇步等。刘家拳的腿法不多，重点放在上肢的运用上。手法包括：冲、推、挂、撩、勾、采、抓等。此外还有少量肘法的运用。刘家拳的动作幅度虽小，但运动范围广泛，走向有纵有横，动作很少重复。刘家拳十分强调手法与身法的紧密结合；技击时不作正面攻击，而是迂回绕进，从侧面克敌。在套路中的表现是：上下横格、前突后闪，连消带打，一气呵成。所以，刘家拳是技击性比较强的拳种。

刘家拳的基本功包括桩功、桥功和腰功三大类。

桩功（扎马）：由于各拳路中身体移动较多，步法配合拳法，边走边打，因此要求练习者在练习时对步伐的移动先要有一个明确的概念。练习桩功从静止开始，然后转换另一种步型继续练习。目的主要是锻炼下肢的稳固性和耐久性。接着是步型的变动，即步法的练习。

具体的练法是：弓步马步变换，虚步弓步变换；前后左右交叉步移动，然后变成弓步，马步或者其他步型。在下肢练习的同时可配合手法一同练习。桥法：以一定步型站立，做冲、推、挂、扫、插等桥法，在保证上下稳定协调的前提下逐步加快双臂的运动速度，并开始从定步转向活步练习，此项桥法配合步法一同练习，在训练桥法迅猛快捷的同时，刘家拳里还有一套训练和配合桥手坚实硬朗的方法。

刘家拳有一句拳谚：“禽蟧爪，虾公腰”。“禽蟧爪（禽蟧即蜘蛛）”是形容桥手要快速敏捷，有如蜘蛛捕食一般；“虾公腰（虾公即雄虾）”则是形容腰肢转动灵活，有如河虾在游动时躯体屈伸摆动运转自如。刘家拳十分强调腰肢的灵活性。拳中许多动作，都讲究腰的配合。训练腰肢具体方法有：前后下腰，拧腰，涮腰等。同时，在训练步型和桥法中还要有意识地配合上腰动力的练习，这样打出来的动作，才会显得完整而有力。

◆蔡家拳

蔡家拳是南拳流派之一。相传是乾隆年间少林僧人蔡九仪所创。该拳流传地区很广，包括湛江、濂江、茂名、化州、吴川、中山、江门等地。蔡家拳以快为主，快速灵巧、敏捷多变、消身借力、因势利导、闪化巧取、以巧取胜、不以力争衡。在技术上，蔡家拳是有着重偏门攻击，快步抢攻，消身借力的特点，马步以三角步为主。步型稍低，步法稳健，动作幅度大，擅发长劲，出拳后肘伸直。其拳套路有十字拳、大运天、小运天、天边雁、柳碎梅、两仪四象拳、拳肘手、六连拳、百鸟归巢等，器械有单头棍、双头棍、蔡家三矢大钯等。

蔡家拳属中国传统武术之一，蔡家龙形拳之流入中山时间应在晚清左右，因反清复明的少林弟子“烂头何”避难而隐居于香山时，以设馆授徒为业教蔡家龙形拳。当时收的弟子中有刘纪等，在刘纪门下则收有入室弟子刘九如及何恩二人。其中以何恩醉心于武术且出手敏捷，深得其师悉心相授。何恩热爱武术，为了充实自己，其后便多方寻师访友。当时恰有少林僧人罗桓大师，因事出游来到香山巧遇何恩。他认为何恩拳路精通，人品纯厚，并有义侠济世之心，是个可造之材。在何恩的再三恳求下，罗桓大师感其诚意慨然答允授艺。之后，将蔡家拳进行了修改补充，历时三年。何恩经罗桓大师悉心指导，武艺大进，把蔡家拳推上了崭新的阶段。在融汇贯通下创下了“扭碎梅”及108招的“大运天”和78招的“小运天”代表拳套，在香山一带全面开花。

何恩除了在石岐民安街蓝家祠设馆授徒外，先后在东乡头、南朗龙穴等地设馆，还在香山其他地方授徒，其中最长时间是在二区溪角乡设馆20多年，教出不少徒弟。何恩逝世后，由其子何维来继承推广。半个世纪以来，何维把蔡家拳大小运天等拳套在中山开花结果，并流传海外，在港澳地区享有良好的声誉。

蔡家说：“洪家讲桥马，蔡家讲快打”。蔡家拳的特点是：快速灵巧，机灵多变，消身借力，因势利导，闪化巧取。在攻防上暗中出手，突然袭击。

步法多以高四平马、拖步弓马、跪马、三角马、插步马为主；手法多以挂、插、哨拳、扫掌、插掌、顶掌、插指、凤眼拳为主；腿法以下盘连环标腿、中下盘踩腿、钉腿、勾弹脚、拨脚为主；肘法多见横捆肘、直顶肘、连环肘等。在套路演练时，步法变换注重一个“灵”字；乘招转势突出一个“快”字，要求势势相连，招招相连，犹如暴风骤雨一般。

◆李家拳

李家拳是南拳流派之一。相传为清乾隆四十八年（1782年）发源于惠州鹅埔角火地村（现属惠城区河南岸米村），由村民李义所创，是广东五大名拳之一。该拳集南派功夫之扎实硬朗，融合北派功夫之快捷利落，独具一格。严景山师傅是李家拳的第六代传人。又一说法是少林寺僧人李锡开所创，广东新会李友山在少林五形拳基础上改进所成。

距今有250年的历史，手法多变，长、短桥并用。步法灵活，擅用腿法，稍多跳跃。李家拳是以长桥大马、偏身偏步、朴实刚劲为主。身法上则是以肘攻击为主，要求沉实稳重，出手准确，由于是以肘攻击为主，所以也要求着点准确，以避免一击不中，被别人有机可乘。其拳诀：奇肘卅六有谁知，出挫沉缠捆最宜。剪切盘循成妙用，穿栏拱折护相施。尖横下反兜归后，顿揭连攻腕在前。篡伏低寻高割就，平钩扫脚势难移，尖桥宜用连肘法，巧妙功夫在顿肘。我桥在上宜顿打，我桥在下用缠攻。拳术套路有五连手、中六连、七连手、三十六肘、哨打、短扣、子午连环棍、双头大圈点棍、金锁连环双刀等。

李家拳的特点是以单肩、侧身、虚步为主，讲究攻防，活动线路广阔，掌法多变，多跳跃，擅腿法，动作活泼矫健，以灵活多变见称。其基本练习主要有：马步、步法、身法、手法、掌法、腿法等。

李家拳内容共分为三大类：拳、器械、对练。拳的主要套路有：八卦拳、三门拳、石尊、小十字、大十字、赤练、散手拳和交手功夫。

器械的主要套路有：单头棍、双头棍、单双头棍、中拦棍、长龙棍、卡式双刀、钯头、铁尺、大刀、鞭。对练的主要套路有：铁

★大 刀

尺对鲁针、钯头对单刀藤盾、大刀对单刀藤盾、拳对练、棍对练、空手夺双刀、鲁针对铁尺藤盾、樱枪对铁尺鞭等等。

◆莫家拳

莫家拳是广东五大名拳之一，原称“六度阴阳掌”，传说创自莫达士。公元1644年，明朝崇桢皇帝自缢于北京景山，政权为李自成的大顺政府所夺。噩耗传来，朝野震动，清兵乘势南下，东莞张家玉等人起兵抗清，南明隆武政权与永历政权争为宗主，流匪四起，南方两广地区扰乱60多年始息。莫达士父亲莫福田时当

13岁，因兵乱由火岗村避难寄迹今惠阳县沥林镇何岗村。后娶何氏为妻，生莫硕士、莫达士二子。传言莫达士曾学艺于少林寺，技成后返回火岗村，因火岗村全为莫氏族人，于是开宗创派称为“莫家拳”。

莫达士以武名世，在清朝初年的动荡时期，组民团以保境，举梅州乡进士（注：《莫氏家谱》及祠堂神主牌记为“保境义士举梅州乡进士”）。火岗莫氏十五世祖莫达士生三子，长乔锡，次定儒，三亮儒。定儒精通武术，因火岗村在惠阳潼湖岸边，故号称“潼湖打仔”，恩赐登仕郎、候选州司马；亮儒赋性刚劲，兼收武备，名闻四乡。定儒又生三子，即琼璋、凤璋、兰璋。琼璋为乡举人，正当生平，性直淳厚。凤璋、兰璋赋性刚正义重，授修职郎、外省州左堂等职。定儒孙莫鸾翻，精于歧黄，远赴西藏，精修密宗佛法，著《藏芗述录》传世。亮儒三子尧璋，赐登仕郎，四子瑞璋，术卜易命理，兼收武备。莫达士之兄莫硕士，号华岳，赐登仕郎，子通儒也赐登仕郎，孙莫振蛟，曾孙莫礼杨赐修职郎，这些人都精通“莫家拳”。

莫达士所传拳术，因战争所需，招式狠辣，动辄取人性命。其后族人拳术也多用于军阵之中，因此狡诈多变，为性命相搏之利器。

莫家拳发于防身，立

于健身，搏于赛场，习于日常，载于武艺，归于武德。莫家拳具有鲜明的岭南特色和朴实大方的南拳风格，以腿法见称，其所谓“一腿胜三拳，手长尺七、脚长三尺，放长攻出，凌空飞踢，拳重百两，脚重千斤力。”

◆陈氏太极拳

陈式太极拳有陈式老架、新架之分。老架由清初河南省焦作市温县陈家沟陈王廷所创。陈式太极拳老架共有七个套路，流传最广的有：第一路和第二路（炮捶）。陈式太极拳虽有小架、大架之分，但其运动特点基本一致：整套动作在快慢、刚柔、开合、曲直等矛盾的相互依存、互相转化中，相连不断，一气呵成。

陈氏太极的另外一个分支是：中国温县南冷架太极拳。

陈式太极拳是古老的拳种，其他多数流派的太极拳（如杨式、吴式、武式、孙式）跟陈式太极拳有一定的渊源关系。

陈氏太极拳的拳法理论

★陈氏太极剑

来源有四个：

1. 把拳术与易学的阴阳五行的变化相结合。陈氏太极拳顺从阴阳之理，在一招一式中，阴中含阳，阳中具阴，阴阳互变，相辅而生。

2. 把拳术与中医学中的导引、吐纳等理论相结合，将气功运用于拳术之中。这样首先保证形体运动不能妨碍人体的肺脏功能正常发挥，新陈代谢自然进行。其次，通过拳术招式的形体运动来促进人体内部宗气的形成，在拳法运动的时候更加有益于身体健康和技击功能的发挥。

3. 把拳术与中医学中的经络学说相结合。

4. 综合百家拳术之长，、独树一帜。

◆杨氏太极拳

杨氏太极拳，太极拳的一个流派，是由河北邯郸永年人杨露禅即其子杨班侯、杨健侯，其孙杨少侯、杨澄甫等人在陈氏老架太极拳的基础上发展创编的。杨氏太极拳拳架舒展简洁，结构严谨，身法中正，动作和顺，轻灵沉着兼而有之；练法上由松入柔，刚柔相济，形成独特的风格。由于杨氏太极拳姿势开展，平正朴实，练法简易，因此他深受广大群众热爱，开展得最为广泛。杨式太极拳对手眼身步法均有严格的要求。

传统的套路还有杨氏老架太极拳、杨氏低架太极拳、杨氏用架太极拳和杨氏小架太极拳。

杨氏太极拳还有太极推手、大履、太极散手、太极拳内功等流传于世。

杨氏太极拳为了配合现代人的健身习惯，还有其他套路流传下来，如24式、46式、竞赛48式，最新套路为广州胡氏所创，为67式。

杨氏太极拳的拳架有高、中、低之分，初学者可以根据不同的年龄、性别、体力条件，以及不同的要求，采用高低不同的拳架适当调整运动量。因此，它既适于体力较好者用来增强体质，又适用于体弱者作为疗病和保健的手段。

杨氏太极拳的兵器有杨氏太极剑、杨氏太极刀、杨氏太极棍。

杨氏太极拳拳架舒展优美，身法中正，动作和顺，平正扑实，由松入柔，刚柔相济，一气呵成，轻灵沉着兼而有之，犹如湖中泛舟轻灵沉着兼而有之。练法简洁，由松入柔，刚柔相济，形成独特的风格，深受一般大众的喜爱，故而流传最广。

目前所传以杨澄甫（1883—1936年）修定的杨氏太极拳以传统大架太极拳为主要依据，以健身为主要目的。而老架中以技击为目的的杨氏小架已很少有人了解了，在民间虽有传人，也已是非常少见了。

◆武氏太极拳

武氏太极拳为中国传统太极拳五大流派之一，起源于清朝咸丰年间，由河北永年人武禹襄所创。至今大约有130年的历史。武氏太极拳是太极拳是在陈氏太极拳小架的基础上发展创编的，武氏家乃官绅之家，不以拳术为业，极少授徒，而重自娱自研。虽然，继承发展了太极拳。自成一家，却因此而流传不广。

武禹襄，名河清，自幼酷爱武术，曾习陈式老架太极拳，后又从陈青萍学赵堡太极拳，备悉理法，并于同期得王宗岳所著《太极拳谱》草纲目。他通过对拳谱的研究和本身练拳体验，创编而成武式太极拳。之后他更精研拳理，勤于实践，写出多篇具有代表性的太极拳理论著作，其著作皆根据其本身体验，简练精要，无一浮词。

武禹襄之甥李亦畲，从1853年开始跟武先生学拳，秉承武先生文武双修、理法并重的治学方法，进一步完善了武先生所创的太极拳理论，其后，又将其拳艺授予郝为真（当时李先生与郝家是邻居）。从此，武、李一派太极拳便由郝家承袭相传。由于郝家继承、发展和传授这一派拳艺的时间相当长，因此数十年来此拳又称为“郝式太极拳”。

武氏太极拳理法原理丰富完整又邃密细腻，“以求太极（内形）为主，走内劲，以意行气，练精、气、神三者合一”。其技艺特点是“因敌变化、借力打人”，用意气的变换来支配外形的运动，强调走内劲而不露外形，达到人为我制，而我不为人制的神奇境界。武派（武式）太极拳是武禹襄先生在陈式太极拳、赵堡太极拳的基础上，根据练功方面的感悟而创编的差式小巧紧凑，集强身、防身、修身为一体，适合文人修炼的太极拳，后人称之为武式太极拳。武禹襄先生在对这套拳法身体力行的实践中，形成了经典之作——武式太极拳论。武式太极拳，人称干枝老梅、朴实无华。手高不过眉，远不出足，双手各管半个身子，互不逾越，讲究内外三合，进退须有折叠，内潜之气支配外形，行云走架，双足如在大地上写书法，一笔一划严守格律，与人交手，不重招数，注重接劲打劲。陈固安、吴文翰即出自邢台国术研究社的优秀武式太极拳代表人。

武氏太极拳拳架既不同于陈氏太极拳大架与小架，也不同于杨氏太极拳，姿势紧凑，动作舒缓，严格分虚实，腹部进退皆旋转，身体中正，用内动的虚实来支配外形（叫内气潜转），左右手各管半边，不相逾越，出手不过足尖，原来有跳跃动作，到四传郝月如（1877—1935年）改为不纵不跳。武氏太极拳推手步法为：进三步半，退三步半，很有特点。

◆孙氏太极拳

孙式太极拳由孙禄堂先生创制，是现代流行的陈、杨、武、吴、孙五大流派太极拳中最晚产生的拳种。应该说，孙禄堂先生从文化建设的层面对其所学的形意、八卦、太极等多种拳功进行了匠心独运式的重构，追求运动形式和内涵的高度统一，不以动作层面的“难能”为可贵。求意和形的高度协调，孙式武学的历史性和学术性特征简单归纳为，“孙氏武学、综合流派、沉思精酿。参武当、访少林；采形意、和八卦、证太极。据易品道，推陈出新，卓然独立，自成一家；俨然武学一昆仑。”这段话的主旨是说，1918年前后，孙禄堂先生合毕生心力所作的《太极拳学》等五部武学著作，实际上是对当时的中国武术各流派成果进行综合归纳的结晶性成果，是中国武学发展史上的里程碑。

孙氏太极拳是武术百花园中的一朵艳丽的奇葩。孙氏太极拳是中国近代著名武术家、一代宗师孙禄堂先生集形意、八卦、太极之大成，冶三家于一炉，所创立的优秀拳种之一。

孙禄堂名福全，字禄堂，生于1860年11月15日。早年随形意拳大师郭云深学习形意拳，并从八卦掌大师董海川弟子程廷华学习八卦掌。其后因照顾病中的武禹襄传人郝为真，而蒙其传授太极拳学。孙禄堂将三者合而为一，自成一家，人称孙氏太极拳。因内含八卦掌千变万化的特色，故又称“八卦太极拳”。

孙氏太极拳的风格特点主要是：进步必跟、退步必随、动作敏捷、圆活紧凑，犹如行云流水，连绵不断，每左右转身以开合相接。

孙氏太极拳最本质的特点是将形意拳之内外合一和八卦拳之动静合一融蓄在太极拳的中和状态之中。走架时重心无上下起伏、无左右晃动的问题，通过活步使重心不断地在转换当中。

孙氏太极拳，从起式到收式，各种动作要求中正平稳、舒展圆活、紧凑连贯、一气呵成。使全身内外平均发展，一动无不动，一静无不静。正因为中正即不前俯后仰，又不左偏右倚，使得躯体手足上下呼应，内外一体。所以，行拳盘架要守规矩。

在练拳时不可越出一个“中”字。习练者若能悟透这个“中”字，便能掌握自己的重心，重心不失，呼吸就能保持正常，呼吸正常，才能百脉通畅。

进步必跟、退步必撤，是孙氏太极拳的第二个特点。进步必跟、退步必撤，这种移步的方式，有利于培养习练者重心潜移和动静合一的能力，还有利于上下相随、手足相顾，使习练者在移步中，不失六合之要。

孙氏太极拳的第三个特点是：每逢转身，多以开合手相接。孙氏太极拳中有十二个开合手，将套路分为十三节。每逢转身以开合手相接，可以引导习练者身体随重心的虚实转换、内气的自行运转（称为圆研）。开合手便于引导习练者体会体内气息的运行与重心转换相协调。开合手的安排，在练拳时，还有利于习练者经络疏通和血脉通畅。

孙氏太极拳的第四个特点是：蓄神待机，神不外张，虚实分明，始终不失六合的要点。习练孙氏太极拳时，要处处因势利导，各种劲法随重心变化而转换，如行云流水，连绵不断，轻缓匀灵之中寓以随机待法之势。

孙式太极拳讲究“避三害守九要”，避三害是要求练拳时，切忌努气、拙力和腆胸提腹；守九要是要求练拳时必须“一塌，二扣，三提，四顶，五裹，六松，七垂，八缩，九起，钻落翻要分明”。

总之，孙氏太极拳是中华武术的一种柔和、缓慢、轻灵的高级拳术，具有防身、健身、养生、修身的作用。孙氏太极拳把形体运动与意念活动相结合，以意念导引形体运动，导引气血运转，达到形神兼备、精神与形体双重的修炼，可以使习练者祛病延年、健康长寿。

以人名命名

◆燕青拳

燕青拳是中国拳术之一，燕青拳又称秘宗拳、颜青拳、弥祖拳、迷踪拳、迷踪艺。以燕青之称，是因传为《水浒传》中燕青所传；又云燕青为官府所辑之人，故隐姓埋名，称其术为秘祖；又称燕青被人捉拿途中，在雪地行走，巧施步法，得以逃脱，又名迷踪。以上诸说，假托小说人物，不足凭信。据史料记载，它出自少林，最早为河南嵩山少林寺“烧火僧紧那罗王”所创。相传，他原不在少林寺出家，他游遍天下访遍名师。后来到了少林当了一名烧火僧，他头不剃，脸不洗，穿破僧衣，目的为掩盖起真面目。元朝时红巾军攻打少林寺，众僧不能抵抗，紧那罗王手持一条铁棍打退百万红巾兵，后借燕青为名创燕青门，其有一师姐(为道姑)，练秘宗拳，故称“一路秘宗，二路燕青，燕青秘宗不分家”。

燕青拳具有内家拳内避、练精化气、弧形走转之势，又兼有外家拳的开张、劈打、舒展之态，更以其动作变化丰富而体态灵动，受到广大爱好者的喜爱。

燕青拳是子午门三十六杀手功之一。此拳钢柔相济，内外兼修，招式大开大合，有排山倒海之势，内藏杀机，专击人身之要害，往往一招半势能制敌于死地，为防止此功传入歹人之手，此拳法一直密不外传，只传入本门中品德高尚正派之弟子。

其特点是动作轻灵敏捷，灵活多变，讲究腰腿功，脚下厚实，功架端正，发力充足。此外，眼神和腿法的配合，独具风格，眼神集中一点，兼顾八方，眼助身法，眼助气力。腿法要求劲足力满，干净利落。各种拳套大多由各种手型、步型、腿法、平衡、跳跃等50多个动作组成。其技法，上肢有甩、拍、滚、掳等击法，下肢有跳、截、挂、缠等腿法，配合靠、闪、定、缩等身法，组成技击性较强的攻防技术。其步法强调插裆套步，闪展腾挪，窜蹦跳跃。中华人民共和国成立后，燕青拳被列为全国武术表演和比赛项目。

◆太祖拳

太祖拳相传为宋太祖赵匡胤所传，故称太祖拳。太祖拳法讲究实战，攻防格斗，起如风，击如电，前手领，后手追，两手互换一气摧。特点为套路严谨，动作舒展，招式鲜明，步法灵活，刚柔相济，虚实并兼，行拳过步，长打短靠，爆发力强。其劲力发挥于撑、拦、斩、卡、撩、崩、塞中，有“囚身似猫，抖身如虎，行似游龙，动如闪电”之势。

主要手法为挑、砍、拦、封、闭、缠、扫、踹、弹、撩、钩、撞、绊、缠。交手时，讲求一胆、二力、三功、四气、五巧、六变、七奸、八狠。进身前“审势观察细留神，逢弱直冲入中门，遇强避锋绕步锤”，手步相连，上下相随，遇隙即攻，见空则扑。招式有非攻即防，虚中寓实，实里含虚，一式多变，借敌之力以制其身。

基本功主要有“三型”、“五功”。“三型”为头、手、步，“五功”为臂、腿、腰、桩、气。太祖拳术套路有一路太祖拳、二路太祖拳、十八趟罗汉拳、遛腿架、遛脚式、八打二十式、太祖长拳、行步拳、十二趟弹腿等，器械有太祖棍、三节棍、少林棍、十二连枪、梅花枪、四门大刀、方便铲、双手带、梅花刀、梅花双钩、万胜刀、应战刀、青龙剑、二朗剑、双钺等，对练

★双 钺

套路有对打太祖棍、三节棍进枪、单刀进枪、大刀进枪、子母锤对打等。

◆孙膑拳

孙膑拳，又因演练时多穿长袖衣，故亦称“长袖拳”，相传乃战国军事家孙膑所传，但并无有关文字记载；并且《孙膑拳谱》之文字绝不像远古文字，故多认为是后人伪托孙膑之名而创的；在清末时期，山东有一武士杨明斋（杨二虎）得技，并于1918年至1938年青岛国术馆任职期间传授，使孙膑拳在青岛、济南一带广泛传开。

孙膑拳风格独特，击技性强，重实用。拳法以组合形式为主，每一手即为一个用法，三百六十手可以互相串联，进时可以组合连击。

★孙膑拳

出拳讲究拧、绞，缠螺旋劲，旋臂出拳，拳走曲线，曲中求直，攻中有防，防中寓攻。方法讲究“三出而一主”，两臂一腿并发。战略上以“圆、角、线、点”为原则，即采用孙膑步左晃右移，走弧走圆不停，时刻保持侧身对敌；要抢占站位角度，利我而不利于敌；一触即发，一发就到，一点就胜；以动作迷惑对方，有真有假，有虚有实。演练中要求“内外相合，形意相通”。主要手法有蹦、弹、抓、挑、钻、擂、拉、劈、抄、砍、截、摆、封、捅、砸。步法为蹒跚步，拔跟掀脚，蹒跚跛行。主要腿法有踢、碰、蹬、踹、踩、挂、跪、截、播。

★孙膑拳

孙膑拳有着自己的一套理论系统，蹲走跛行是其最突出的特点，出拳走曲不走直，曲中能够求直，看似偏离，但击中点却是那样准确。这种曲线出拳的理论以不招不架、转向进取为表征，最容易使对手产生错觉。

孙膑拳在套路上最讲究

手手相连，技击动作往往连发，很少有单击动作，给人以轮拳滚打的感觉，孙膑拳套路数段，每段都有重叠动作，此乃“一招不成，再来一招”的打法。

孙膑拳有“八形”之说，这“八形”是指鸡腿、龙腰、猴象、猿臂、象鼻拳、瓦楞掌、藏勾、球足。鸡腿是对腿法的要求，取鸡之“轻翔宁静”而保持身态稳定；龙腰讲究的是灵活矫健；猴象注重的是机警敏捷；至于猿臂，在于放长击远，伸缩自如；象鼻拳是孙膑拳中惯用的手法，中指突出，目的在于强打穴位；瓦楞掌与藏勾也是手法，分用于不同的打击目标；球足则指脚下功夫，讲究足轻如球，移动迅捷。孙膑拳的八形可以转换成三十二手各种动作，组成即可有较高技巧，又可各自独立地使用攻防套路。

孙膑拳习练讲究“五合”这五合是指：手与眼合，眼与心合，肩与腰合，身与步合，上与下合，五合有一个共同点，那就是击打点。孙膑拳的八形、五合、三十二手归于一点，目的就在于强打一点，力保完胜。

孙膑拳实战技击的技法在于打拳时发力强猛，动作连贯，有时张开双臂，身根略晃，看似飘忽，实则暗藏杀机。同时，孙膑拳注重边打边防，打防结合，在攻击之时已经防守到位，防守之际已经准备还击。在攻防结合上，也始终遵循“走曲不走直”的要领。

◆白眉拳

白眉拳是中国拳术中南拳之一。据传说是四川峨眉山白眉道人所传，现在四川、广东、香港、澳门等地较流行。其特点是刚强凶猛，连贯性强，路线宽广。其拳法有冲拳、鞭拳、双撞拳及千字箭拳。桥法有碎桥、钻桥、刹桥与封桥等。腿法有同影侧踢（即撑鸡脚）与蹬脚等。其主要拳套有小十字、大十字、三门八封、十八摩桥功及猛虎出林等。

白眉派拳术包括“三形、四标、五向、五行、六合、六劲、八式”等要诀。“三形”为身、手、步形态。即：圆、扁、薄。“四标”为内劲，又叫“四运”或“四象”，即：吞、吐、浮、沉。“五向”指五个方向，即上、下、左、右、中。“五行”为用劲之方式，即刚、柔、轻、迅、重。“六合”即是上与下、左与右、前与后三线对争，六面相合。“六劲”为发劲之身体配合，即：指、腕、肘、肩、腰、足六个部位，出势发手要求六劲齐发。“八式”为步法结合手形攻击防守的方式。即鞭、割、挽、撞、弹、索、盘、冲。

一、内家劲功，威猛迅疾；

二、手法绵密，快速稳健；

三、以攻代守，击打要

害；

四、协调整齐，内外合一。

白眉派拳术套路有石师、四门八卦、三门八卦、地煞、鹰爪黏桥、直步、九步推、十八摩桥、猛虎出林等。器械方面则有单头棍、双头棍、双刀、大刀、大耙、长凳、双拐等。另外，不少白眉门人在传习过程中，根据自己的研练体会和实战、授徒的经验，也创编了不少各种形式的新套路。凡入门学习白眉派武术，必须先理解祖先之训词，才能按部就班学习。

现在白眉拳盛传于粤西一带，惠阳地区、肇庆、云浮、高要、新兴、广宁、佛山、广州、深圳以及香港、澳门等地，更流传到美国、加拿大以及东南亚各个地方。白眉拳要求含胸拔背，肘不过肋外，两手护胸。身形有浮、沉、吞、吐（四象）的变化，步高腰活，进退迅捷，脚起无形。手法严密，讲究摸黏，长短桥结合，击发时要尽量吐长，劲力可发得透彻，防守时，回吐以短促为主，易于防守变换。基本手法有穿、锁、封、钩、抽、碎、钻、抛、鞭、溜、吸等。劲力有直、横、索、掠、掸等。注重内劲，讲究内外合一；意气合一，功法为一，虚实转换，刚柔并济，柔以走化，善变化。刚以击发，易摧坚。劲随气发，一哼一哈，以攻为主，以法见长，以巧取胜。

◆纯阳拳

纯阳武术属武当龙门一脉，传为纯阳真人吕洞宾所创，是道家养生、健体、御敌的内家拳法。其拳理上应阴阳五行之理，下行方圆八卦之象，取自然之态成天人合一之形。自古到今，在道门内为单传秘授。后经纯阳拳二十二代宗师刘理航先生传于武昌人氏汪兆辉，为纯阳拳二十四代传人，后汪兆辉于1986年在全国武术大赛上演示纯阳拳获得金狮奖，始将纯阳拳展示在世人面前。

★吕洞宾雕像

武当纯阳拳以三十二字拳歌全面的叙述了它的风格特点及其运用所在，拳法的基本理论“三圆六部九字归一法”，是纯阳拳法在运用中的风格特点，从而达到修心养性、防身自卫的目的。拳歌有云：“风吹荷花，左右摇摆。飞云流水，穿连不断。踩步悬足，运气养性。慢劲快打，环套八法。”既是行拳指要，又是养生指南。

所谓“风吹荷花，左右摇摆”，显示了拳术的轻灵、柔活、飘然、无拘无束的自然景观。“飞云流水，穿连不断”，要求行拳的圆活流畅、匀称不滞，无断续之处，无棱角之点。如云之腾飞，如水之潺潺，无规则的相互穿越，连络不断，川流不息。“踩步悬足，运气养性”，古人效仿白鹤、灵龟两种长寿动物的特征，精奥的运用于拳法之中，“踩步”即行拳走步，轻灵飘然，如同白鹤高飞之势，神情之中具有虚灵飘柔之感。用以而吸气，称为“精益玄鹤展翅飞”。“悬足”则是以“龟背鹤膝”为要旨。“龟背”有着含胸拔背，气沉丹田的作用。“鹤膝”是一腿悬起，一腿独立于地，酷似白鹤独立之势，以增强两腿内力及气血的流畅，是为“含胸拔背气沉丹田”以呼气而为之。这种轻灵走步为之吸、龟背鹤膝势沉而呼的演练结果，使气顺能够固守下焦，不使气上浮逆于胸间。两腿长期配合沉气的锻炼，达到上虚下实的结果。从而酿造健康长寿之道。在这些运动作用下，又有慢劲快打，以显露拳术技击防身的作用。所谓“慢劲快打”，慢劲即指内劲，纯阳拳在整个运动中，贯穿着三种运动劲力的发放方法，一曰神劲，二曰内劲，三曰明劲。由此可见纯阳拳的独特的练习功法，使其在其他拳法中展现出独到的一面。

以地名命名

◆少林拳

少林拳是中国拳种之一，得名于少林寺，是在中国古代健身术的基础上，吸收各种武艺之长而形成的中国拳术中的一个最有影响的流派，以其刚健有力、朴实无华和利于技击而在国内外享有盛名。

少林拳派是武术中一个约定俗成的技术流派。因以少林寺传习拳技为基础形成，少林寺建于公元495年，座落在嵩岳少室山。此山位于武术颇盛的中原地区。古代军旅武术和民间武术不断传入少林寺，形成了少林拳的基本成分，逐步形成了包括功法、套路和格斗三种运动形式的少林武术体系。在禅宗文化的影响下，演进成明清间已相对稳定成形的少林拳。

武林中讲究“外家少林，内家武当”，少林拳作为外家拳术，其特点是刚健有力、刚中有柔、朴实无华、攻防兼备、以攻击为主。步法进退灵活，眼法讲究以目视目，运气要气沉丹田。其动作迅速如电，转似轮旋，站如钉立，跳似轻飞。该拳套路较短小，运动多为直线往返。动作姿势要求头端面正，眼注一点，兼顾上下左右。头竖不偏，随身变转，开胸直腰，不松塌，裹胯合膝，微扣脚尖。肩下松，手臂击出曲而不曲、直而不直，以便曲防时含有攻意，直攻时含有守意。身法注重控制重心，动则轻灵，静则沉稳。步架要求进步低，退步高，动作整体表现为全身上下内外协调一致。动作时，步催、身催、手催，以迅疾见功夫。少林拳基本功是站桩，桩有马步桩、椅子桩、丁字桩等，同时也练视、听、抓、拉、推、举、踢等。身法有八要，即起、落、进、退、反、侧、收、纵。要求藏而不露，内静外猛。战术上善于声东击西，指上打下，佯攻而实退，似退而实进，虚实兼用，刚柔相济，乘势飞击，出手无情，击其要害。在动、静、呼吸、运气、用气方面，如拳诀说："拳打十分力，力从气中出，运气贵乎缓，用气贵乎急，缓急神其术，尽在一呼吸。"肩与胯、肘与膝、手与足的外三合和心与意、意与气、气与力的内三合，形成内外一体。用鼻呼吸，集中劲力，必要时用嘴配合发出吼声，以威慑对方，打出迅雷不及掩耳的爆发力，克敌制胜。

少林拳包括有单练拳术小洪拳、大洪拳、罗汉拳、老洪拳、炮拳、长拳、梅花拳、昭阳拳、通背拳、七星拳、关东拳、青龙出海拳、扩身流星拳、龙拳、虎拳、豹拳、蛇拳、鹤拳、柔拳、少林五拳、五战拳、连环拳、功力拳、潭腿、柔拳、六合拳、内功拳、太祖长拳、地躺拳、少林拳、观潮拳、金刚拳、练步拳、醉八仙、猴拳、心意拳、长锤拳、五虎拳、伏虎拳、黑虎拳、大通臂、翻子拳、鹰爪拳、护身流拳等。对练拳术有三合拳、咬手六合拳、开手六合拳、耳把六合拳、踢打六合拳、走马六合拳、十五里外横炮、二十四炮、少林对拳、一百零八对拳、华拳对练、接潭腿等。散打有单练、闪战移身把、心意把、虎扑把、游龙飞步、丹凤朝阳、字乱把、老君抱葫芦、仙人摘茄、叶底偷桃、脑后砍瓜、黑虎偷心、老猴搬枝、金丝缠法、迎门铁扇子、拔步炮、小鬼攥枪等。气功有少林易筋经、小武功、混元一气功、阴阳气功、八段锦等。器械有单练、对练、枪、刀、剑、棍、长短软硬十八般兵器

★少林罗汉拳

等。

目前流行于北方地区的多数拳种，如梅花、炮拳、洪拳、功（弓）力、劈挂、通臂、短打、燕青（秘踪）、拦手、螳螂、七星、朝（昭）阳、关东、八极、戳脚、鹰爪，以及长拳、猴拳、苌家拳、岳氏连拳等等，都被认为属于少林拳系。

◆武当拳

武当拳发源于道教圣地武当山，由北宋时武当山著名道士张三丰所创，在中国传统武术流派上称内家拳，是中国武术一大名宗。武当拳是武当武术的一个重要组成部分，是武当武术徒手运动套路类项目的总称。

★ 武当拳

在中国武林中，一向有“外家少林，内家武当”之说。武当拳出自道家，而道家讲究清静无为，又最讲究养生之道，所以武当拳的特点是技击与养生并重，融养生于技击之中。几乎所有的道家拳派都是如此，这与偏重技击的佛门拳派少林拳有所不同。武当拳法较少跳跃动作，步型低矮。多用掌，与重在打穴有关；少跳跃，与重在实践有关；步型低，与重在擒拿有关；走圈步，与重视跌法有关，由此形成了武当拳的独特风格。

功法特点是强筋骨、运气功。强调内功修练，讲究以静制动，以柔克刚，以短胜长，以慢击快、以意运气，以气运身，偏于阴柔，主呼吸，用短手，武当功法不主进攻，然而亦不可轻易侵犯。犯则立仆。

武当战法策略是：凡搏人皆以其穴，死穴，晕穴，哑穴，一切如铜人图法。其总的要求又包括在“六路十段锦”当中。“六路”的歌诀为：佑通神臂最为高，斗门深锁转英蒙，仙人立起朝天势，撒出抱月不相饶，扬鞭左右人难及，煞锥冲掳两翅摇。“十段锦”的歌诀为：立起坐山虎势，回身急步三追，架起双刀敛步，滚斫进退三回，分身十字急三追，架刀斫归营寨，纽拳碾步势如初，滚斫退归原路，入步韬随前进，滚斫归初飞步，金鸡独立紧攀弓，坐马四平两顾。

武当功法，讲究“练手者三十五、练步者十八”，又有所谓七十二跌、三十五掌、六路十八法、十二字、存心之五字等。

武当派的拳术套路，有太极拳、无极拳、鹞于长拳、猿猱伏地拳、六步散手、武当太乙五行拳等。武当派的内功，有“洗髓金经”六式（金狮夺毛、凤点头、风摆荷叶、左缠金丝、右缠金丝、刀劈华山）等。武

★武当太乙五行拳

当派的器械，首推武当镇山之宝武当剑，还有白虹剑、太极剑、六合枪、六合刀、松溪棍等。武当派的阵法，在武侠小说中，常常提到的有九宫八卦阵等。

◆峨眉拳

峨眉拳系是指以峨眉山为中心的四川拳系，它是在中国南方地区仅次于南拳第二大拳系。始为道姑所创，为出家女子的一种防身拳术，原称“蛾眉拳”后谐音“峨眉”。该拳技击性强，不先发手击人，以后发制人为根本法。

峨眉拳是峨眉派武术中各类拳术的统称。它具有独特的四川地方拳味，是人们健身、防身、养身、养性的重要拳艺之一。

★峨眉拳

峨眉拳术的论述，始见于明代唐顺之的《荆川文集》卷二《峨眉道人拳歌》中。《拳歌》云：“……，忽然竖发一顿足，岩石迸裂惊砂走。去来星女掷灵梭，夭矫天魔番翠袖。……形人自托我无形，或将跟走示之肘。险中呈巧众尽惊，拙里藏机人莫究。……番身直指日车停，缩首斜钻针眼透。百折连腰尽无首，一撒通身皆是手。犹言技痒试贾勇，低蹲更作狮子吼。……余奇未竟已收场，鼻息无声神气守。道人变化固不测，跳上蒲团如木偶。”这种刚柔结合、动静相兼、内外兼修、功艺一统的拳术是与少林拳、武当拳的风格迥然不一的，是为峨嵋拳之艺风。

峨眉拳系中也包括一部分土生土长的拳种。像余门拳就是东乡县（今宣汉县）余氏家族的祖传拳术，到清乾隆中期始传外姓。白眉拳相传为峨眉山白眉道人所授。化门拳相传为峨眉山修德禅师所传。峨眉拳系中还有一些罕见的象形拳，像慧门拳中有蛤蟆拳、蝴蝶拳各一路。余家拳中有一路“攀花拳”，动作模仿蜂蝶飞舞花丛之态，轻盈灵巧，多纵跳闪躲，讲究沾手连发。峨眉拳系中还有一套黄鳝拳，为安岳陈氏家传拳术。

峨眉拳主要步型有虚步、长山步（错步），主要步法有蛇型步（之字步）、箭步（换跳步）、兔子步、梭步、两并步等。身法的要求有吞、吐、浮、沉、腾、闪、钻等变化。发劲时要以身带臂。击法突出关、点、盘、提四法。特点是动作小、变化大，借力使力，以巧打人。攻防时多以一臂液压来拳之后，顺势前钻借力反击。进攻时讲究探、随、逼、骗、顶、闪、让、打八字法则。

◆梅山拳

梅山拳源于新化，因宋神宗熙宁五年（1072年）以前新化称梅山而得名，是湖南一个古老的地方拳种，形成于宋代，相传为北宋赵天祥所创，明清时期逐步完善，有77个拳术套路，统称“梅山武功”。

“梅山武功”流传面广，除遍及湖南大部分地区外，云南、贵州、广西、江西、湖北、四川等地也有不少人练习梅山武功。

梅山拳注重散打实战功法。其拳冲拳如三角，挑拳似牛角。相打紧追前，掌法如刀镰。上用打，下用穿，左右开攻打两边。上打如雪花盖顶，下穿似古树盘根。拳法讲究五行变化。灵活运用刚、柔、直、横、斜、虚、实七种劲力。手法有冲、贯、扣、盖、横、砸、挑、撩及擒拿手、封闭手、砍手、劈手、标手、压手、接转手、抓手、摆手等。肘法有靠、横、直、挡、撞、架顶等十多种。腿法有弹、踹、蹬、铲、踩、挂、扫等。

梅山拳十分强调桩功练

习。其桩功以坐、箭、丁三种为主。坐桩有上、中、下三盘之分，其姿态如三点梅花“品”字形；箭桩多用九点游龙步，其前弓后箭务必做到十趾抓泥。其丁桩要求虚实分明：丁腿脚尖点地为虚，支撑腿全掌着地为实。

梅山拳的格斗散招也有其独到之处。其冲拳、贯拳、盖拳、横拳等几十种拳法，在实战运用时均有许多讲究。例如盖拳，有单双之变，阴阳之分，阴单盖拳、阳单盖拳、阴双盖拳、阳双盖拳。阴单盖拳的技法要领是一手握拳，以大臂带小臂，由曲到伸，向前盖击敌方头部；力达拳背，拳心朝上；另一拳则收防于胸前，当敌方来拳攻击时，前拳开路击开来手，后拳由胸前挥出盖击敌方头部。

梅山武功套路短小精悍，手法勇猛多变，有“来如暴风骤雨，去如风卷残云”之说；桩功稳固，“四十天学打，三十夜站桩”，有站桩、坐桩、箭桩、丁桩，以坐桩为主。

梅山拳桩稳势固、勇猛刚烈、朴实无华、无虚花架，招招式式非打即防，套路短小精悍、结构紧凑。有拳打卧牛之地的特点。

◆昆仑拳

昆仑拳属于客家拳术中的一种。据传源自昆仑山，故名。其传人称传艺祖师为五台山一长老，佛号日冠。后由山东济南市人黄辉龙所传。

昆仑拳的风格特点：眼巧、心灵随变化，攻击时凶猛、刁滑，讲究吞、吐、浮、沉，每发招出手均要向对手要害部位攻击，桩马较高，发招呼气收招吸气。昆仑拳的拳术套路有卫士坝关、回门八打、八挂、九滚十八打、地躺、虎豹双刑、喜鹊双枝、二度梅等。器械套路有枪、单刀、春秋刀、板凳、剑、戟、勾镰枪、条棍（单头）、双头棍、乌龙棍、步步连棍、绿竹棍、龙凤棍、匕首、耙头、九节鞭、三芦棍、双刀、铁尺等。双打套路有空手对打、短棍对打、双刀对打、棍对板凳等。

以动物命名

◆蛇 拳

蛇拳是中国传统拳术的一种。属于模拟蛇的各种动作形象结合技击的象形拳类。主要流传于浙江、福建、四川、广东、台湾、香港一带。南方多蛇，从象形拳来讲，即南派多蛇拳，而万氏蛇拳，属少见的北派真传。南派重技，北派重功，万氏蛇拳重在功夫，功夫不纯，徒有外形，软硬一到，足应大敌。其功夫一为软功，二为硬功。软功旨在增强灵活性，硬功旨在加重杀伤力，所谓软硬兼施，相得益彰。中华人民共和国成立后，蛇拳被列为全国武术表演和比赛项目。

蛇拳的动作开合得宜，刚柔相济，以柔为主，柔中

★蛇 拳

有刚；上体要求松柔，下肢则要灵活，做到步活而桩实。有很高的实用价值，在实战中则要求：身要颤，步要转，双手忽闪神要战；圈绕步，步偕身，用指抢喉快为准；龙戏珠，掌插肋，勿手啄人勿顶击；脚尖点，虎爪进，急来缓应巧柔还。发劲同时还发声，以声助势。套路主要由神蛇炼月、金蛇陆起、蛇蟠天真、白蛇吐信、风蛇绕树、玄蛇盘石、毒蛇喷沫、腾蛇走雾、角蛇应尾等形象化动作组成。蛇拳以蛇形掌为主要手型；以穿、插、按、劈、钻、压、摆、挑为主要掌法；以崩、钻、按、冲、横、劈、勾为主要拳法；以半马步、跑步、丁步、独立步、弓步和麒麟步为主要步型。

◆虎 拳

虎拳是一种地方拳术，在福州、闽侯、长乐、南平、三明、仙游、莆田等地流传较广，属南拳类，也是一种象形拳。清乾隆年间，永福县批口村李元珠所创。仿虎之形，取虎之技，融为拳意，创编了虎尊拳（即母拳，指第一路拳）。

★虎 拳

虎拳是仿效猛虎扑食、跳跃、奔串等动作结合武术中的技击攻防创编而成，其特点是以形为拳，以意为神，以气催力，发劲时怒目强项，虎视耽耽，有怒虎出林，两爪拔山之势。

手型上多用爪，讲究手指的功力，多短打硬功，上盘以封门户为主，先守后攻，动作紧凑。

下盘步型步法以稳健著称，要站桩步。拳谚讲："桩步熟练纯习，做到气沉丹田，强若不倒之翁。"

虎桩分静桩与动桩两种，动静结合，静时要有虎踞之势，动时要似猫之灵巧。身型多含胸拔背、沉肩坠肘。身法上要求做到吞、吐、浮、沉，劲由腰发，催达指尖。练习中讲究外练身、基、马，内练精、气、神。时而如猛虎下山，时而如怒虎出林，时而如饿虎擒羊，都能体现刚强凌厉的风格。

虎拳拳术套路有三战（三箭）四门、猛虎下山、角短、剪手、千字打、猛虎洗爪、虎仔伸腰、仆地虎、太子游城、关公拉须、关公拖力、日月连环脚、虎形五技拳等，器械套路有笔架叉、狼宪、丈二杖七十二步、齐眉杖等，对练有双虎跌、两虎相斗、对杖等。虎拳套路短小、简练、紧凑，步型、步法偏小，以三七步为主。手法多用虎爪和拳掌，手象车轮。练习中注重气的配合，运用丹田之气，以意导气，力随气出，做到形、气、劲、意的完整统一。攻防上强调手法多变、脚步多移，逢桥断桥，无桥造桥，逢空则补，突出近战短打，防中带攻，明防暗攻，以刚制刚。同时还主张见力借力，见力化力，硬中见柔，出手真硬，化手真柔。腿法运用谨慎，起脚三分虚，无搭不起脚。虎拳发劲凶猛，练时吞喉露齿，狮嘴映城目。常发声吐气，阔气催力，震脚助威，以扬其势。突出了刚猛势烈，以刚制刚的运动特点。

★猴 拳

◆猴 拳

猴拳是中国拳术中象形拳之一。因模仿猴子的各种动作而得名。据记载，中国早在西汉时就有了猴舞和猴拳。猴拳在发展过程中形成了不同的流派和技术风格，但基本要领却是共通的，近代猴拳多以套路的形式出现，其动作内容既要模仿猴子机灵、敏捷的形象，又要符合武术的技击特点，具有形、法统一的猴拳动作。有的套路还编进一些跌、扑、滚、翻动作，做到神似，表现猴子的精神。中华人民共和国建立后，猴拳在动作质量、套路编排、表演效果等方面都有提高。1953年以后历届全国性武术表演比赛都有猴拳项目。

猴拳，是以猴形猴态和攻防技法融合而成的拳术。猴拳在明代已有记载，传有“猴拳三十六路”（见《江南经略》）。猴拳模仿猴的身型，要求缩脖、耸肩、含胸、圆背、束身、屈肘、垂腕、屈膝。手法模仿猴摘果、攀援，有刁、采、抓、扣等法。步法模仿猴跃、窜、出入，有脚尖步、小跳步、交叉步等。眼神要像猴守物一样专注。技击中，主要运用上肢进行格挡、击打、掐拿等。起腿不多，仅偶用缠蹬、弹等腿法。猴拳的运动特点以灵敏善变、出手脆快为主。现代猴拳中吸收一些腾空翻转（如侧空翻、旋子等）和就地滚转的动作编入套路。猴拳套路一般模仿猿猴出洞、窥望、摘果、争斗、嬉戏、惊窜、入洞等情节编成。

近代猴拳多以套路的形式出现，其动作内容是模仿猴子生活习性创编出如出洞、窥望、看桃、攀登、摘桃、蹬枝、拼抢、藏桃、蹲坐、吃桃、喜乐、惊窜、入洞等具有形、法统一的猴拳动作。法密是方法要紧密连贯，有起伏，有节奏。步轻是步子轻巧迅速。身活是身子灵活。

◆青龙拳

青龙拳是劈挂拳系列套路之一，由清代中叶沧州盐山人左梅所传，其传承之集大成者为沧州市人郭长生（人称“郭燕子”）。青龙拳既具青龙出水惯长虹，松活舒展身法捷，以“长”、“捷”见长之个性风格特点，且兼劈挂系列套路舒展潇洒、疾速多变、蜿蜒蛇行、开合爆发的共性风格特点，实为武术套路之珍品。

第一路曰龙拳；第二路曰青龙探爪；第三路曰青龙返道。以第一路最典型，第一路有六十四动，风格别致，讲究龙爪、蛇腰、穿梭步。主要手法有插、抓、搓、拿、挖、拧、点、戳；拳法含括贯、冲、砸、撩、甩、劈、撞、架等以及肘法中的楞、扑、顶、压、过、捣等。各种手法交替使用，从而使上肢的击法直横刚柔、变化多端，再配合下肢击法，如勾踢、撩挂、蹬、弹、点、踹、拐、提、绞、剪等等，就更加突出青龙拳攻防格斗技击特点。

青龙拳取龙之灵而练精化气，练气化神，神聚而形似，动如山崩，静如伏兔，步急快稳，绕转穿行，具似游龙，时吞时吐，时浮时沉，时大时小，时长时短，变幻莫测。动合阴阳之理，静含伏击之机，随身出手，身到步摧，招势相辅，圆活巧妙，拳艺奇特，击法玄异，功夫别致。

主要动作有：青龙出水、青龙腾空、云龙现身、青龙吐雾、青龙吞云、青龙摆头、青龙转身、青龙摆尾、青龙戏水、青龙落地、青龙探爪、横空旋绕、双龙戏珠等等。

青龙拳以走功为基础，常于山道、烂泥地（或沼泽地）沙滩等地方练习。故能很好地增强下肢力量。青龙拳又很重视龙爪功、二指禅、一指禅和抓拿功的技击法训练，所以，青龙拳有较突出的攻防格斗作用，保持着峨眉派拳术的特点和风格。

青龙出水贯长虹，舒展潇洒身法灵，突出“柔”和“长”。披挂拳讲辘辘翻车，青龙拳讲翻车辘辘。披挂拳从上而下：猛劈硬挂。攻打对方头部、咽喉，主要进攻上盘。青龙拳自下而上，掏打撩阴，挑打下拦。青龙探爪，缠腭叼手，戳指扫捶，主要攻打下盘。此套拳法集实用与观赏为一体，是中国民间武术的经典套路。

◆黑虎拳

黑虎拳属于象形拳，黑虎拳是六合门拳中以刚劲凶猛，拳脚生风著称。“天下功夫出于少林”，据说黑虎拳功夫流源也出于“少林”。但其功夫的主要理论和符咒及高级的功法如“子午功”、“五雷掌”等均出于道家，可见黑虎拳的功夫

★黑虎拳

是集佛、道功夫而成。

黑虎拳的手法有："接、斩、劈、剁"等十六种技法。近身技击法有"五峰六肘"全身无处不是拳，一触即发。腿法疾发急收、低腿暗发。高不过腰胯。练拳以"静心自然"为宗旨。要求："任其自然、放手而出、用意不用力而自然上劲"。技击虽然有"硬拼硬打，先发制人"，但主要还是主张"以静制动，后发先至"。强调"静心就是法"、"拳打无定格，随势而化"，注重内功的修炼，以"混元一气"为根基，强调"劲"的运化运用。不打着对方时劲不发出，棉般柔软。一旦打着对方或对方击打自身时，接触部位立即硬如钢铁。主要劲法有：横、直、整、寸、透、飘等。共有刚、柔、化三步功夫。

黑虎拳功夫主张神形俱练，内外皆修。拳打卧牛之地，短小精干，在一平方米的场地就可以打拳术套路。招法动作变化多端，朴实无华，威猛无比。出手带劲风，呼呼有声，但又可刚可柔，刚柔相济。身法要求头正、不俯不仰、身正不偏不倚、含胸收臀、虚心实腹、沉肩松胯。注重下桩沉稳、落地生根。

黑虎拳虽然只有短短三十六式，却式式能攻能守，灵活自如。练习此拳特别要注意身法、步法、腿法，所谓打拳不溜腿，到老冒死鬼。万籁声大师的要求是：腰要柔，腿要活，拳脚舞动无人捉。地方性武术拳种，三个地区有“黑虎拳”的叫法。其风格特点是动作稳健，攻防相间，劲力逼人，动速定稳。

◆白鹤拳

白鹤拳是在清朝初年顺治年间（1644—1662年）由福建省福宁州（现霞浦县）北门外少林拳师方种的独生女方七娘所创。明末遗民方种，原籍浙江省处州府丽水县，为避时乱，南迁福建省福宁州北门外居住。方种“家富，为人侠气，性好武艺，广交天下豪杰，凡所闻贯精高手明师，多从学之，朝夕勤习，无法不通，遂乃有心手灵机变化之神功”。

白鹤拳以鹤为形，以形为拳，取象于名，冠于雅称，寓意其中，便于记诵，易于领悟，利于习练。

它的套路动静有法，虚实分明，快慢相间，起伏有序，脉络贯通，神气流畅，似刚非刚，似柔非柔，形神兼备，轻盈灵巧，潇洒飘逸，弹抖劲力足，技手变化多。

它讲究内外合一，意

与气合，气与力合，意守丹田，以意引气，意到气到，气到劲到，以气催力，吐气生威，攻防并重，运手务柔，著手须刚，讲究子午虚实，吞吐浮沉，刚柔缓急，后发先至。拳法结构严谨清晰，攻防意识鲜明，手法短桥多变，步法走闪灵活，劲力饱满刚脆。

◆鹰爪拳

鹰爪拳是中国拳术中象形拳之一。鹰爪拳又称鹰爪翻子拳、鹰爪行拳和鹰爪连环拳。它是模仿鹰捕猎动物之势演变改革而成的一种拳术，是吸收鹰的形、意和击法发展而成的，属于北少林的一种拳术。其起源，一说源于明朝，戚继光所著《纪效新书·拳经捷要》中载有“鹰爪王之拿”，因言为鹰爪王所传之拳；二为清朝中期河北雄县人刘仕俊所创。后世传人曾将岳氏连拳、翻子拳部分动作（如铁翻杆、双裹手等）与鹰爪拳融合而发展成一较大的派系，故又称鹰爪翻子门。

近代，鹰爪拳流行于河北、北京、湖南、湖北、广东、广西、四川等地，东南亚及欧、美诸国亦有传练。该拳的特点是：姿势雄健，手眼犀利，身步灵活，发力刚爆。其手型似鹰爪，即手指的第二、第三指节勾屈，手背后张。手法有抓、打、拿、掐、翻、砸、锁、靠、崩、截、拦、挂等，注重抓拿；腿法有蹬、弹、撩、踹、缠、穿、连环腿等；身法有俯、仰、拧、转、伸、缩、闪、展等，讲究收腰紧劲；眼法有环、瞰、注、随等；劲力讲究脆、锉、提、紧。其功法主练鹰爪功（力）和桩功。其套路有鹰爪拳、罗汉拳、十二路行拳、八步追、八面追、五十路连环拳等。鹰爪拳已被列为全国武术表演和比赛项目。

鹰爪拳是吸收鹰的形、意和击法发展而成的一种拳术。此拳以模仿鹰爪抓扣和鹰翼翻旋的动作为主。其特点是：爪法丰富、抓扣掐拿、上下翻转、连环快速，仿形造拳、形神兼备。要求出手崩打，回手抓拿，分筋错骨，点穴闭气，翻转灵活，神形似鹰。整个套路动作刚暴凶狠，快速密集；静则机智稳健，似鹰待兔，加之“雄鹰展翅”、“雄鹰捕食”等象形动作的配合，给人以机智、果断、勇猛、优美之感。

◆螳螂拳

螳螂拳是我国著名的传统武术流派，象形拳的一种。它是山东四大名拳之一，也是首批被国家体育总局武术运动管理中心列入系统研究整理的传统武术九大流派之一，螳螂拳的形成发展，是凝聚了明末清初众多武术流派之长而成，仅依拳谱所载就有“十八家拳祖姓名”之说，可以说螳螂拳是中国古代武术文化的载体，研究这种拳术对于了解明清之际的武术有很大的帮助作用。

蝗螂拳为明末清初胶东人王朗所创，距今已经有三百多年的历史了。相传，王朗祖师观螳螂捕蝉之动静，取其神态、赋其阴阳、刚柔虚实之理，施以上下、左右、前后、退进之法，演古传十八家手法于一体而创螳螂拳法。

分北派螳螂拳与南派螳螂拳。

1. 北派螳螂拳。北派螳螂拳相传为明末清初山东即墨县人王朗所创。他比武失败后，看到螳螂捕蝉的灵巧激烈情况，有所启发，便捕捉螳螂，观察其运用两个前臂的搏斗技巧，从而创造了勾、搂、采、挂、刁、缠、

★螳螂拳

膀、滑等多种武术手法，成为别具一格的北派螳螂拳。

2. 南派螳螂拳。南派螳螂拳又名周家螳螂拳，据传是清代广东人周亚南创始的，其技术和理论与山东传的北派螳螂拳完全不同，而与南拳各派技术却极相似。上述南北两派螳螂拳外，在北派螳螂拳的基础上又经多年传习或与其他拳法混合，还有通臂螳螂拳、摔手螳螂拳、光板螳螂拳、八步螳螂拳等产生。

螳螂拳主要流传于山东胶东各地。主要流派有“太极”、“七星”、“梅花”、“六合”四大派。螳螂拳在演练时是一类长短兼备、刚柔相济、勇猛快速的拳术，在学习时，要求以空气为最佳练功器械，在武术各拳类中具有显著的独特风格。

1. 梅花螳螂拳的特点：

梅花螳螂拳为山东威海都莲茹所传，以后传至东北及南方和全国各地，其拳偏刚，故有人称为“硬螳螂”。身法要求：拧腰坐胯，意形并重，内外兼修。步型有马步、弓步、虚步、丁步、蹋步、路虎步、玉环步。歌诀：“骑马登山吞托式，御敌跨虎姿”称为螳螂八势，为梅花螳螂拳之基本功。

梅花螳螂拳套路很多，有牧童指路、白猿偷桃、崩步、拦截、梅花糖储翻车、勾法、螳螂扑蝉、螳螂展翅、螳螂行、八肘、摘要一至七套。器械有螳螂刀、枪、剑、棍等。其手法有掌、勾、爪、拳、指五种。手法概括为十二个字，即提拿封闭、粘黏帮贴、来叫顺送，动作灵活多变，非常机警，进退自如，神形具备。暴发力及寸劲最多。各种劲法齐全，腿法与脚法有弹蹬扫挂、抄踹摆踢。以及反尖脚、斧刃脚和撩脚、杵脚、扣心脚等。尤其突出肘法，套路就有四套八肘，其肘法有黏肘、叠肘、墩肘、拐肘、顶肘、转肘、扑肘、朝天肘、掀肘等等，其实并不止八肘，只不过叫八肘而已。螳螂拳之小臂由肘到小臂尺骨及臂之顶端部位，在技击手法上皆称为肘，这样肘法就更多了，如臂肘、弥肘皆是。

2. 七星螳螂拳的特点：

七星螳螂拳相传为姜化龙所传。七星螳螂拳与梅花螳螂拳的内容与技击特点大同小异，其练功方法，以七星步而得名，又说是七星拳而得名。七星拳强调七星式，实为七个部位，即头、肩、肘、拳、膝、胯、脚作为种技击手段。有七星拳、崩步、拦截、梅花辘、梅花拳、白猿偷桃、白猿出洞、白猿攀枝、扑蝉、八肘、摘要等30余套。器械套路有刀、枪、剑、棍、拐子、流星、三节棍、大梢子、大刀、双钩等。

其劲法偏刚，亦有柔劲，是刚柔相济的劲法。有长手有短手，其长可放长击远，其短有肩肘胯膝。身法是腰为轴，以胯为核心。

3. 六合螳螂拳的特点：

六合螳螂拳是以山东招远市穿林家林世春所传的螳螂拳，因林世春以农为业，传人不多，林之师魏三，因其左手食指中指与无名指、小指有蹼相连，人称为“鸭子巴掌”，以后得知其名叫魏德林，是江洋大盗，实是反清复明的义士，越狱逃至林世春家避难。自称是王郎之再传弟子。

六合螳螂拳是螳螂拳系中的一个流派，过去在山东黄县、招远等地胜极一时，演练者甚多。以后流传至东北、北京、南方以及港台等地。

六合螳螂拳与其他各种螳螂拳相比较，有明显的不同之处。由外形上看偏柔，由套路上看以暗刚暗柔劲为

★ 六合螳螂拳

主，很少有暴发力，其劲多为内含，故有人称为软螳螂。

在身法上，要求既不同于太极拳的含胸拔背，又不同于长拳的挺胸收腹，也不同于八卦掌的紧背空胸。而是要求胸宽腹实，松肩探膀，腰如钻杆，手如机轮。并要求内外兼修，意形并重。

步型步法有弓步、马步、提前拖后步、前摆步、后摆步、三角步、滑步、闪骗步、坐步、流水步等等。其坐步近似形意拳的三体式，左右闪骗步、三角步近似通臂拳的步法。其中的提前拖后步是前脚一收，足跟提起，速大步前进，后脚拖进，非常快速向前逼近，前后摆步随身转动，向外门逼近。三角步、闪骗步更是灵活多变。

手型有拳、掌、指、勾、爪五种。握拳时中指凸出即尖拳又名锥子捶。手法上有十六字即勾搂刀采、崩砸挂劈、闪赚腾挪并多缠绕旋转疾风扫劲的手法。所以说有“鲤鱼扫尾，棍牛鞭之”（棍音困，是抽的意思，是山东地方语）的劲造。

腿法弹蹬扫挂、抄踹摆踢，以及反尖脚、斧刃脚等。在技击使用手法时突出表现快近严密，手手连环，连击不止。五漏之手，缠丝之手，是技击性很强的一种短打型拳术。

眼法要求，手到眼到，

有“神似猫捕鼠，眼若鹰捉鸡”的说法。

六合螳螂拳所以有人称为“马猴”螳螂，因其动作似马猴，两臂松柔而长，松肩探膀，放长击远，故有“马猴形象、螳螂技巧”之说。演练起来绵绵不断、一气呵成，非常连贯紧凑，亦很舒展大方。

六合螳螂拳套路有：三捶（此为拳是基本套路）截手圈、仙手锛、铁刺、叶底藏花、照面灯、双封、镜里藏花、短捶等等。

六合螳螂拳的劲法，以暗刚暗劲为主，很少有暴发力，但不是完全没有。分析起来其劲法是比较全面的，包括有20余种劲法，分为两大类，即主劲与辅劲。主劲有明刚劲、暗刚劲、明柔劲、风扫劲、缠封劲、锯挫劲等6种。辅助劲有长劲、短劲、粘黏为劲等等19种之多。

以杂物命名

◆**花 拳**

花拳是中国拳术之一，相传是清代雍正年间江南大侠甘凤池在江浙一带传授的。花拳在起势前，先以左拳心外向，右掌心贴左拳背，双背成环形，于胸前自右向左划半弧，名为“请手”。

花拳在近代传习不广，在中华人民共和国成立后被列为全国武术表演和比赛项目。

花拳拳法精于内而神于外，手法在进攻防守中运用争、长、滚、转、封打互用巧打连环，硬打硬要至刚至柔，首尾相启左右逢源，你打你的我打我的，水火风无孔不入，开合得当动静相间，劲活力整紧凑贯穿，势势相承灵活多变。花拳有长拳的快速有力，节奏鲜明的特点，还具有刚中蓄柔形神兼备，硬如铁，软如棉，身似杨柳臂如鞭的独特风格。

花拳动作沉着朴实，严紧完整。出手快速敏捷，迅速连珠。充实劲整，刚柔相济。形神一致，手急眼快。意气相合，气沉丹田。

花拳功法要求“五要四

求”：

五要：一要筋长，二要气足，三要劲活，四要根固，五要完整。

四求：一求身法似游龙，二求步法快如风，三求手法如穿梭，四求眼法如闪电。

◆**船拳**

船拳发端于吴越春秋，形成于明清，是明清时期帮会组织之一的洪帮特有拳种。船拳是在船上打的拳术或器械。船头仅有一只八仙桌稍宽的面积，决定了船拳的一招一式，不能像其他武术套路那样，大面积的窜、跳、蹦、纵、闪、展、腾、挪。但它却集拳种的基本招式之长，似南拳，亦非南拳。

习武在船头，身动船晃，为了适应船身的移动，既要习武人桩牢身稳，发挥技艺，又不能使习武人受船动的束缚，因而使船拳的一招一式不同于一般陆地习武。既要稳，又要轻。手法似出非出，似打非打，出招敏捷，收招迅速，如猫捕鼠，如箭在弦；防御动作，以手为主，双手不离上下，如门窗一样，似开非开，似闭未闭，以身为轴，一般在原地转动。

船拳在中华武术宝库中独树一帜，原先盛行于河上。船拳根据在河渠纵横交错的水道表演的特点，兼收各派之长自成一脉，形成了似南拳、又非南拳的独特风格。具有体用兼备、内外兼修、短兵相接、效法水战，刚劲遒健、神形合一，步势稳烈、躲闪灵活的特点。进攻时出招敏捷，收招迅速；防御时以手为主，似开似闭，以身为轴，原地转动。船拳十分注重腿部、臀部和腰部的运动，步法极重马步，以求操拳时稳健，经得起风浪颠簸。腿部是发力的重点，故十分重视转腰、甩腰、下腰的动作。为进退自如，船拳十分重视马步转弓步，弓步转马步的动作，以体现进则带攻，攻则带躲闪的特点。

◆汤瓶拳

汤瓶拳又名汤瓶七式。因其拳式动作似回民所用汤瓶壶而得名。相传现在流传的汤瓶拳多由河南周口袁凤仪传出。汤瓶七式有花七式、陈七式之分。每套七式，每式又化七式，共四十九式。前者七式是单练套，以金梁起架为起势，翻身吊打为收势；后者四十九式是对练，又叫硬架子对练，以破法、顺法为主，打法有二十七进法，是后发制人的自卫性拳术。汤瓶拳式的歌决为："金梁起架最难防，左开右进探心掌，合手杀下千斤坠，隔臂打耳破命伤。"

◆梅花桩拳

梅花桩拳即梅拳，亦称梅花桩。武术拳种之一。为演练方便，在地面演练较为广泛，称为落地干枝梅花桩。起源于明末，清乾隆年间流传较广。布桩图形有北

★梅花桩拳

斗桩、三星桩、繁星桩、天罡桩、八卦桩等。桩势有大势、顺势、拗势、小势、败势等五势，套路无一定型，其势如行云流水，变化多端，快而不乱。又据《梅花拳根源经》和《梅花拳传承谱》记载：梅花拳第一代为收元老祖（虚拟），第二代张三省，传说在巫山羽化升天。前两代均以开法传道为主，且单一相传。自第三代邹宏义开始，才有文理武功的具体记载。

以手法命名

◆翻 拳

翻拳是赵福江先生在其六十多年的武术生涯中，对大成拳、八极拳少林长拳、形意拳、元陀陀内家功法等拳种，进行了认真的探索与总结，博采众长，以传统的“阴阳易理”辩证法，创立了此种功法，很值得一学。

阴阳翻拳功乃是赵福江先生以元陀陀内家功法为养精培元之基本，大成形意之桩功为拳功基础融少林长拳之姿势优美、八极拳之发力刚猛暴烈之特点于一体而形成的具有武术理念先进、功理功法科学、内外功法兼备、养生静性双修、演练形式洒脱、技击性能实用、拳功风格独特等特点的武术体系。动作有松散力整、迅猛突变；动无征兆、止步无象；力由足跟起、柔化而刚发；形怪无定式、起落游八方之要求。演练中又需注重头足、手臂、肩膝、肘胯、功法、形力之六合而出之整力与惊、冷、裹、旋、挣横、缩、连之八大劲力。

◆炮 拳

炮拳是中国拳术之一，出于少林拳派，在菏泽、曹

★炮 拳

县、成武、东明等城乡习练者众多。八门炮拳，是八门拳拳种的重要代表套路。炮拳又称八门地支炮拳。炮拳为母，属地支；撕拳为子，属于天干，与撕捶、九环捶、通背拳合称为八门拳术的四大拳柱子，既是八门拳的支柱、栋梁。炮拳又通常与撕捶合起来，并称为“撕炮拳”，又称之为“母子拳”。清代中期一位被称为常巴巴的老人将该拳传入兰州。民国初传到甘肃河西的武威等地，后来又辗转传到青海、新疆等省区。

炮拳是查拳门派套路的重要组成部分，有三个套路：三路炮拳、六路炮拳、九路炮拳。炮拳架式舒展、发力猛烈、气势浑厚。手法密集，有开山炮、连珠炮、挨身炮等。肘法有顶、挑、压、挎、格、架等。炮拳的特点是动作刚健有力以刚为主，套路短少精悍，实战技击攻防严密，招式多变虚实相兼，风格独特。炮拳还是多个拳术流派的基础功名称。

1. 少林炮拳。少林炮拳

创于宋代时期。此拳是由福居禅师根据十八家短打逐步演变而成。少林炮拳是林少寺比较古朴传统的套路，属于少林寺十大名拳之一。其动作连环，多以炮名：追风炮、卧心炮、飞云炮、连环炮、迎面炮、冲天炮、裹鞭炮等，故此得名。

2. 大成炮拳。炮拳为意拳训练入门之唯一拳法，可以说如果炮拳训练能够有得，大成拳的其他大部分劲力皆可感悟逐通。炮拳训练体现了大成拳大部分技法的作拳法则及要领，尤其是身上、腿上的要领。

3. 形意炮拳。炮拳属火，是一气之开合，炸炮忽然炸裂，其弹突出，其性最烈，其形最猛，在腹内则属心，在拳中为炮，所谓炮拳似炮属火是也。练习合法，其气和顺身体舒畅，心中虚灵，反之则四体不顺而气乖，则心中蒙昧而呆滞矣，学者须当心研究。古拳谱云："炮拳似炮，属火，非炮也，有江水排岸之势"。炮拳势式呈束身斜上捧、展身下砸击之反向势，劲力轨迹呈冲起性拱架和垂落式排击，是明晰可辨的技巧性拳法，其精在于"江水排岸"，也就是"炮弹落地，中心开花"。

炮拳还击不是直上直下的垂压势，而是在捧拱劲力之余再衍生出来的"拧、塌、砸"三股劲力的相融劲，滚拧劲使双膊翻转，塌落劲催动双膊下击，垂砸劲冲于拳背直至指根，势如江水排岸之势冲击彼胸，给对方造成凌空砸击之威慑感。只要做到内外六合，劲足力猛，速度快捷，有一锤击败之效应。

◆合手拳

合手拳全名为通易合手拳。约始创于清末，又称易拳。现任掌门：合手夫子——阎禄岭，号通易斋主，祖籍河北冀洲，1950年生于山东临清。自幼随家父习祖传合手门武功，1962年拜武术世家佛汉捶第四代（寺字辈）传人何德斋先生为师，后学艺于师伯孙学武先生。1980年拜郝氏太极拳名家刘兴洲先生为师。其后多年致力于习练传统民间多流派武术，博采众家之长，进一步完善了自家祖传拳法。撰写的《通易合手拳浅说》发表于1988年第8期《武林》杂志，使合手拳亮相于世，自此以合手拳传授弟子以弘扬中华国术。

合手拳技击特点：双手在技击运行中和谐至一，挥一手而双手互应不散，一手动双手皆动，两手形宗不离，虽两手主辅分明，但发劲运势相应互通，圆活稳捷，奇正相生，互为其宗，招法自然，应变简近，出手无空回之弊，朴实无华，是以技击为主，理法合通，易道健身的拳种。合手拳出手攻防合一，即攻中有防，防中有攻，以攻为要，含防其中的特点。发力、以腰为原发力，以触发部位为承发力，刚柔并济源发透击力强的特点。身法、步法、手法等等讲求动态蓄势，步步为营。即任何动作均讲求两个矛盾着的动态因素在运动中阴阳兼备，即阴阳合二而一中的动态平衡。即所谓阴中有阳，阳中有阴的特点。形成了头、肩、肘、腕、尻、掌、拳、胯、膝、脚等部位招法的攻防合一，刚柔并济，虚实相翊，奇正相生，上下相通，内外相合，易理触发，循环无端，变化无穷，虽繁化简活而不乱，阴阳兼备万法唯宗的特点。

◆劈挂拳

劈挂拳是典型的长击远打类传统拳种之一，是中国传统武术百花园中的一朵奇葩，盛名久远。古称披挂拳，亦名抹面拳，因多用掌，故而又称劈挂掌，擅长中、远距离克敌制胜，讲究放长击远，它将中国武术“一寸长、一长强”的技击理论发挥得淋漓尽致，对于技击空间的控制，讲究远则长击，近则抽打，可收可放，可长可短，劈挂拳发展至今，技术体系完善，内容丰富多彩，拳械全面，不愧为中华武术的瑰宝。

劈挂拳要求单势与套路相结合，理象会通（拳理与形式），体用兼备（健身与实战），互为补充，注重力从腰发，用胸部的吞吐和腰部的拧转折叠配合两臂的运动，使动作大开大合。在运动上表现为：滚、勒、劈、挂、斩、卸、剪、采、掠、

★劈挂拳

摈、伸、收、摸、探、弹、砸（锄）、擂、猛等十八字诀。

在技击上讲究吞吐伸缩，放长击远，回环折叠，虚实往返，招法珠连，带攻猛进。主张以快打慢，以长制短，闪进攻取。基本攻防规律为高来则挂，低来则劈，横来则拦，顺来则搬。其拳谚云："千趟架子万趟拳，出来一势打不完。"做战时讲究"击中目标是小胜，打倒目标乃上乘"。

主要劲法有辘轳劲、翻扯劲、吞吐劲、滚勒劲、通透劲等。发力时要求臂、肩、胸、腰、背、胯、膝、腕各关节柔活自然，放松不拘，合蓄开发，势猛力柔，柔中含刚，即蜿蜒蛇行，用之轻松，意含铁石。运力时劲力集中于“吞吐开合，起伏拧转”。躯干开合如弓，胝胸背吞似弦，发出之力尤如离弦之无影快箭，与上下肢及躯干的起伏拧转形成调全身之力，以最快带度集中于一点的合力。

手臂的动作特点是：两臂条直，搂臂合腕，大劈大挂，放长击远。躯干和下肢的作用特点是：前握后扣，吞胸凸背，缩肩藏头，拧腰切胯，合膝钻足，收腹敛臀。其步法多为跨步、辗转步、激绞连环步。运动时步法灵活多变，连环交织，快如激涛之浪，一经接触，使对方防不胜地防，形成了逢进必跟，逢跟必进，进跟连环，环环相套，敏捷疾速的独特风格。

套路演练时表现为：起落钻伏，伸收摸探，开合爆发，蜿蜒蛇行，快捷灵活，犹如大江奔放，气势磅礴，起伏跌宕，川流不息，疾风怒涛一泻千里。眼法上要求一眼、二胆、三打技术快与慢。有拳谚云：“眼为先锋，脑为主帅，手足则是五营四哨之将兵。”行拳应战时要做到观前后，顾左盼右，望远视近，随形出招，步到招到眼先到。练功时注重慢拉柔练，调劲运气，蓄精欲神，体健神会。即：慢拉架子、快打拳、急打招、气沉丹田。

表现在整体上则是：大合大开，猛起硬落。合如伏炮，缩身藏头开如炮发，上下展炸。两臂劈挂，柔实抽鞭，长击准抽，翻腾不息。劲力饱满，舒展飘逸。即在交错劈挂的运用中松肩舒背，臂起时绵柔快速，劲力通透，劈落时力猛如炸弹，体现了柔中寓刚的特点。其风格是迅猛快捷，大劈大挂，起落钻伏，伸收摸探，拧腰切胯，开合爆发。双臂密如雨，快捷似闪电，劈挂赛抽鞭，发力似炸弹。劲力饱满，动作舒展，神形自如，洒落骄健，疾带多变。拳谚云：”势无定势，形无定踪”。”疾若奔涛怒浪，又似风雷搅顶缓似轻风刚为实。动静快慢，刚柔虚实，互相转化。身法要求掩胸蜗背，蜿蜒蛇行，直出侧入，变转灵活。

◆通臂拳

通臂拳是中国拳术之一，通背拳也称通臂拳，强调以猿背或猿臂取势，故又称“通背猿猴”、“白猿通背”。通背拳流传较广，流派较多，除“白猿通背”外，还有“五行通背”、“六合通背”、“劈挂通背”、“两翼通臂”、“二十四式通臂”等。较早流传于山西的“洪洞通背”，也属于通背拳系中的一个流派。手法有摔、拍、穿、劈、钻等，步法有行步、散步、连环步等，腿法有勾、踢、蹄、弹等。套路运动要求甩膀抖腕、双臂摔劈、肩臂撩挂、

★通背拳

击拍轻快、闪展灵活、虚实分明、腰背发力、冷弹脆快、坚韧交错。

通背拳在河北较普遍流行于东部。沧州一带有金丝合叶通背，大清河流域是五行通背，京南京东则是五猴、白猿通背。近知五行、五猴、白猿通背实为一个流派，名称不同而内容大同小异，沧州通背为一游僧传留，五行或五猴通背是清代山东祁云父子所传五猴通背既属长拳类型，又有象形拳的特征。

通背拳主要特点是动作简而明，舒展大方，不尚花絮，劲力纯厚，终于技击。在手法上主要有展劈挑撩、砸砍撞推、挨崩挤靠、掳缠擒悃等，其中以展（八门拳独特的掌法）法最为见长。腿法上有踢踹蹬踩、绞绊扭拐等，其中有以大奔腿、小奔腿、里踩腿、跺子腿、背顶腿为其能使。在与对方交手时，往往是手脚并用，上下兼顾，闪展腾挪，协调自然，起脚先出手，落脚手亦随，展打腿踢恰到好处。

以步法、腿法命名

◆弹 腿

弹腿起源于山东省龙潭寺，临清弹腿始创于唐末宋初五代时期，距今已有千余年历史。创始人为五代后周昆仑大师。弹腿是一种以屈伸性腿法为主，并配合各种手法、步法所组成的拳术套路。此拳腿法快速屈伸出以激力，如弹射之势而故名。

现代流传的有十路弹腿、十二路弹腿和六路弹腿；十路弹腿发腿与裆平，十二路弹腿发腿不过膝，又叫寸腿，弹腿有单练和对练。中华人民共和国成立后，弹腿被列为全国武术表演和比赛项目。

如临清弹腿、少林弹腿、精武弹腿、教门弹腿、通备弹腿等。临清弹腿为五代后周龙潭寺昆仑大师所

★弹 腿

创。其有十路拳，一路顺步单鞭势，二路十字起蹦弹，三路盖马三捶式，四路斜踢撑抹拦，五路栽捶分架打，六路勾劈各单展，七路掖掌势双看，八路转环剁子脚，九路捧锁阴阳掌，十路飞身箭步弹。

弹腿的特点：

1. 弹腿法：

奠基根深，含义深奥，上、中、下、三盘齐全，左右开练，返复循环，以低势下盘功夫为主。

2. 内功功法：沉气稳势，摆架站桩，调息炼气，蓄精育气，培内壮元，静动绵柔。此外还有操手、试力等法。

3. 器械众多，不但一般器械应有尽有，还有许多稀有器械如截爪镰、牛头镗等。在拳脚器械的套路中极少有重复的动作。

4. 内外两功并重，求得内七外三之法，故多重于内功，调气运劲，用意不用力。不论拳脚。器械都是手足并练，拳脚同功，刚柔相济，弹韧相兼，快慢疾徐，柔而有力，威而不猛，刚中有柔，节奏分明，轻松飘洒。

5. 练法要领：上部垂肩坠肘，中部紧背含胸，下部合膝裹胯。内外同行表里相合，讲究阴阳顿挫之法，伸缩吞吐之功，单腰摇曳法，二目传神功，气沉于丹田，津液要下咽，呼吸从鼻孔，含虚抱气不令气散，这皆为内功要领。

6. 弹腿功法体用两全，正如弹腿四益："锻炼身体，祛病养身，延年益寿，自卫防身。"所言，即是如能长期练习弹腿可强身健体，消灾祛病，养身壮元，可以滋力故精，技击防身。

7. 劲力功法：讲究调气运劲，刚柔松紧，步法稳健，身体传神，矫健有力。功劲要求练出以下几种劲力，即：伸崩力、挤按力、螺旋力、杠杆力、爆发力、自然力以及以柔克刚的牵动四两拨千斤之力。

8. 临清弹腿把武术和医术相结会，不论站功，还是十路弹腿的练法上，都多重于内功的锻炼与发挥。故而功法奇特，招术实用，变化无穷，拳打三成、脚踢七分是弹腿特色之一。共一百零八种腿法，七十二种连环腿，三十六拳脚并用法和单招散式等。

9. 身法要点：劲力充实，精神饱满，气爽神清。身动似龙形，步法似蛇形，行走似猫行，肩胯活如轮，两臂动如蛇。

◆戳 脚

戳脚，以腿脚功夫为主的中国拳术之一。以腿脚功夫为主，相传起于宋代，盛于明清，有"北腿之杰"之称。中国民间传说的武松醉打蒋门神的故事，其中说是武松使用了戳脚里的玉环步、鸳鸯脚，所以现在还有人把戳脚称作"水浒门"。中华人民共和国成立后，戳脚被列为全国武术表演和比赛项目。

戳脚分文、武两种趟子，武趟子是戳脚的本源，文趟子是其发展变化而来。武趟子舒展大方，矫捷刚健，放长击远，刚柔兼施，以刚为主。在全面锻炼手、眼、心、身、步之中，重点锻炼腿法、脚功，基本腿法有挑、剪、丁、转、迎门插拦、左右八腿（指丁、踹、拐、点、蹶、错、蹬、碾等8种踢法）。传统的武趟子套路也叫“九转连环鸳鸯脚”，简称“九枝子腿”，一共9路，各路可互接互换练习，故称“九转”；每路的腿法都是一步一脚，连连发出，环环相套，故称“连环”；其腿、脚连环出击，左右互换，成双配偶，故称“鸳鸯脚”。文趟子发劲柔中寓刚，绵里藏针，架小紧凑，灵活善变，逼近靠影，柔里带刚。传统的文趟子套路叫“八根”（自转脚、玉环步、开石雷、似箭手、蹶子腿、走外、五花炮、十字捶等）。文趟子动作明快，节奏鲜明，其练法是心到神到，手到脚到；其手法有推、提、棉、转、贴、川、缠、展；其步法有进、退、闪、摆、抽、换、窜、旋；其战术讲究一步一脚，出人不意，诱敌深入，后发制人，下肢发脚，半步赢人，似踢非踢，声东击西。东北一带还流传一种东北戳脚，腿法独特，技击性强，是胡奉三所创。以八根、八母、八法十六字诀、三十二字根本用法为核心，刚柔相济，短小精悍，上身紧凑，下身活，手法缠绵，腿法刚劲，贴身近战，灵活多变，又称“胡氏戳脚”，胡氏戳脚以“文趟子”为主，兼习“武趟子”。

戳脚以腿见长，主要腿法有踢、撩、飘、点、见端等。又十分强调手脚并用的技击方法，拳谚说：“手是两扇门，全靠腿打人”，“手打三分，脚踢七分”。在身法上要求中正，灵活，主宰于腰，宾辅肩胯。出手由脊发，出脚从臀输，二者均借以腰隙肩胯，又常与地趟动作相配合。拳法有“八根”、“九枝”两派。“八根”多下盘腿法，“九枝”多上盘腿法。一步一腿，一步一脚，连环踢打，手脚并用。

◆练步拳

练步拳，最初叫“四门拳”，是原南京中央国术馆第一任教务处长刘崇清根据长拳的技击特点，取其易学易练，体用兼备，攻防连贯等特点编创而成。

该拳的掌、拳、勾等基本手型与一般长拳相同。例如：掌如“柳叶”，四指并拢、挺直，拇指屈贴于食指根与掌骨之间，掌心不能陷凹。击掌时须分清掌式：推掌掌根上挺，掌指用力上挑，用掌沿前侧击出；撑掌掌根上挺，用全掌心向前击出；穿掌须平指，掌就挺直。食指、中指、无名指和小指第一至第三节先倦紧相贴，然后四指尖抵住掌心，拇指紧压于食指、中指第二指节上，拳面要平，人击拳时手腕须要挺直，不可上扭或下屈。

勾手如“镰刀”，五指尖并拢捏紧，手腕尽量弯屈如勾。不宜直腕、散指。其眼法，要求眼随身转，手脚未到眼先到，看准攻击点。要有一准、二狠、三残，快速连击的气势，才能拳不虚发，日渐长功。身法的前进后退，左转右旋，必须灵活敏捷，高低适度，配合步法，身体端正，不偏不倚。

★崩 拳

◆半步崩拳

因铲除恶霸，犯了人命官司，被关进监牢，仍苦练功夫，由于项上有枷，脚上铁铐的缘故，因此练就了只能迈出半步的绝技——半步崩拳，所以，后来郭云深名扬大江南北，以“半步崩拳打遍天下”而著称。

郭云深还有两个方面的武学能力表现，一个是动作快，电光石火，人动拳到；

一个是反应敏捷，不管对方拳棒有多快，皆能避之，结合上他的爆发力极强的崩拳，很是风光，堪称一代大家。

郭云深的半步崩拳，纯粹以爆发力取胜，不管你的体重、防御能力，是否练过铁布衫等等，一律一拳击飞。还有，郭云深的崩拳已经到了只要接触一点点，就可以击飞壮汉的地步，这个爆发力已经超过李小龙很多了，属于典型的以内家功力取胜。

崩拳的劲力在身体内部是阴阳一气循环往来之运动，它除崩劲之外，还要压劲、裹劲、扑劲、抖劲、踏劲等，常要求一劲之中又须含有顶、拧、磨、翻、蹬、猛、顺、透八种混合劲，而这些混合劲须一种种、一层层单独练起来，有些劲力则非经名家高手的口授身教而不能得，故形意拳前辈常有“练拳容易，找劲难”之说。崩拳的劲力，最大的特点，就是崩劲。它是采用先蓄而后发，先松而后紧，当接近对方寸余距离时，猝然发出的一种最猛、最凶、最狠的劲力。

以功法命名

◆龙爪功

龙爪功为少林七十二绝技之一。据传明代弘能法师以精于此技而名震武林，其手到之处刚猛绝伦，抓树留痕，抓肉成洞，以一双钢抓铲除邪恶，行侠仗义，使其武林生涯充满了神奇的色彩！近代佛门高僧少林海灯法师更以擅长此技而名扬海内外。当代传人覃建峰老师浅习此功亦收到了极为惊人的效果，他不单可以演示单臂二指禅倒立，还可以三指折断古铜钱、手抓碎核桃、铁指断石条及盘腿二指走路、凌空叉碎木板等，以真功绝技名扬中外武坛。

古朴易学，进步神速，功效奇大，苦练30日即可达到双臂二指禅靠墙倒立，铁指开砖碎瓦，凌空插碎1～3厘米厚木板，捏碎酒杯、砖块、核桃，折断铜钱，击穿碗碟等奇效。功成后手指坚硬愈钢，铁指开砖如泥，手如钢爪般抓树撕皮，搓石成粉，并能演示一指禅倒立、一指钻砖、二指走路，剑指开顽石等铁指神功，随意挥手即可碎砖断石，瞬间致敌于伤残。

◆拔山功

拔山功为硬功内壮，属阴柔之劲。此为提掣之功，完全用手腕之虚力，来摧折敌人。

先用丈许木桩，把末端削尖，埋入地下约一半多些，其周围用砂石夯实，使桩丝毫不能移动。每日用拇指、中指、食指三指紧扣木桩，极力上提。初始，未能些微松动。而持之既久，指腕之力日增，则桩亦逐渐上升，终至完全拔出泥土为止。练习时宜平聚其力而上提，切不可向旁侧摇动。拔起之后，更易铁桩，深入加半，依法练习，亦至拔起为止。至此阳刚之劲已足，乃凭空行之，如鹰爪力法，练其阴柔之劲，则技始臻大成。

至此则无论为人为物，只须一举手间，即可使之就范。此功着人，虽不至死亡，然足以伤损筋骨。其功用与鹰爪功相似。

◆鹰爪功

鹰爪功是象形拳的一种功法。原称鹰爪翻子行拳或鹰爪行拳、鹰爪连拳。创自河北雄县陈子正，拳谚称为

★鹰爪拳

“沾衣号脉、分筋错骨、点穴闭气。”传统拳套有十二路行拳、五十路连拳。鹰爪功是由翻子拳变化而来。

鹰爪功是专练手指抓劲的功夫。鹰爪功有多种练法，有在水中抓半边葫芦练法，有抓圆球练法，都是鹰爪功，这都是练有形之物，未入无形之境。这里所讲的鹰爪功，乃以气为归，不借任何器械，3年功成，屈指可如鹰爪之钩。

鹰爪功，练指之法，以内外兼修，收效方可神速。亦无弊端。盖指头实为人身最小之一部分，其运力全在指节，尤不若拳掌之劈击，犹可借腕臂之力而贯之。

鹰爪功是吸收鹰的形、意和击法发展而成的一种拳术，属象形拳。此拳以模仿鹰爪抓扣和鹰翼翻旋的动作为主。其特点是：爪法丰富，抓扣掐拿，上下翻转，连环快速，仿形造拳，形神兼备。

要求出手崩打，回手抓拿，分筋错骨，点穴闭气，翻转灵活，神形似鹰。整个套路动则刚暴凶狠，快速密集；静则机智稳健，似鹰待兔，加之“雄鹰展翅”、“雄鹰捕食”等象形动作的配合，给人以机智、果断、勇猛、优美之感。

◆排打功

“排打功”是少林拳中的基本功法之一，历史悠久，内容丰富，可以强身自卫，健身治病，在少林拳法中素享盛名。

少林“排打功”是一种内外兼修的功法，可增强力量和提高肌体的抗击能力，也是一种效果显著的健身手段。它不仅使经常锻炼者的肌肉、筋骨健壮，肺活量增加，内脏器官增强，而且可以促进人体经络、血脉顺通，消除疾病，增进健康。

少林“排打功”有单人与双人的功法练习。单人练习包括砂袋击法、板击法、棍击法、石拍法、撞击法等等。双人练习有互击法、排打法等等。“排打功”的练习不仅可以锻炼人的果敢，不畏困难和勇于进取的精神，而且能增强肌体(特别是皮肤)的适应性、耐久力和爆发力。在武林的实战中，对来自对方(有时是不可避免的)的袭击，能够具有充分的精神准备和抗击能力，同时对迅速进入冷静的反击状态和树立战略上的信心，都有较好的实际作用。

以“佛圣道仙、神祗鬼怪”命名

◆二郎拳

二郎拳自明末清初问世以来至今已历传三百多年，清道光年间第八代师祖崔立太来沧州地区圣佛寺至今已一百五十多年。现在整理的拳术套路是崔立太传下来的原套，二郎拳的创始人是否假托神仙而命名，如今无法考证，但是，二郎拳十一代传人王玉山生前坚决否定这种说法，他说所谓二郎拳就是二人对练的拳。二郎门的基本器械也着重对练。

★圣佛寺

二郎拳的套路与实用是统一的，套外无招，套内无空式，套内的招术是“拳打四面八方”，变化多端，套路和散打是统一的，它是练“眼手心脚精气神招”综合功的具体体现。

★二郎拳

二郎门武术理论认为，器械在实践中如劳动工具一样，是延长了的手臂，拳术演练可为掌握器械打基础。拳术套路和器械套路都由实用招术组成。套路中不是招术的式子谓空式。二郎门的拳术招术与器械中的招术可以互相借鉴，但不是混同。

二郎拳“拳练一条线，拳练卧牛之地”。由于每路单练套路都能对练，因此，单练终式不归原位。先辈常在终式前加风斗翎走归原位，现省略。二郎一路长拳是横起顺落，由右向左练，收式面向起式之右方。二郎八路长拳以八卦方位命名，一路长拳为“乾”字，取拳打四方之意，此拳正式前有几式为拳帽，二郎担山是拳帽的终式，亦是正式的起式，一般只练止式，不练拳帽，对练只从正式二郎担山起，拳帽练习时原地不动。

◆罗汉拳

罗汉拳是中国拳术中南拳之一。罗汉拳发源于著名的河南嵩山少林寺，有十八

★罗汉拳

罗汉手，在武林中响负盛名。清明期间由名手孙玉峰传入广东，后由于其精妙的拳法和套路而广泛流传。故今在珠江三角洲地区比较流行。

罗汉拳乃少林外家拳法之一。拳中刚阳有力，一派北派拳的特色。硬桥硬马，使人感觉到其中的孔武有力和阳刚之气，加上套路的编排精巧，使整套拳打起来非常流畅、美妙。

罗汉拳发展自少林拳的红拳、长拳及短打。出自清初福建之洪门。因为清初禁止汉民聚众学习拳术，只有私下传习。其罗汉散手，最初只有八势，分左右两路，到了广东佛山，当地洪门人士演变成十八罗汉手，融会其他地方拳术，串通成套路，有三十六手、七十二手等合共一百零八手。故又称佛拳，预意为“佛山洪门拳术”。

罗汉拳，一如洪拳，先是练习坐马桩架、运气发劲等基本功夫，然后单势练习，再而双人练习短打。据传罗汉功夫，有“十八金刚

★罗汉拳

捶”、“金刚掌”、“点穴术”、“大小红拳”、“六路短打”等。罗汉手，原属入门操练身手肌肉养气站桩之十八种“势”，亦称十八叟。沧洲仍有人声称家传罗汉拳。在南方有称神拳、佛家或佛掌。清期间由福建传入广东，创五（形）拳；即龙、蛇、虎、豹、鹤拳和以套路方式传习，因而广泛流传。

罗汉拳虽走刚阳一路，但并非仅以硬碰硬的拳法取胜于敌，拳法当中着重于进退快速，加上冲。圈、挂、踢、弹、勾、劈、等，手法攻防灵活，不但令对手无进攻，更可以迅雷不及掩耳之势进行反攻，令对手措手不及，是一套很有特色的拳法。

“一字马一片身”是罗汉拳独特的攻守方法。无论进攻还是防守，罗汉拳以自己的侧身对准对手的正中，前手似弓，随机应变以寸劲或防或攻；后手相随，或上或下，守中护肋。这种技击观念和格斗技术异曲同工。

俗说“南拳北腿”。一般认为腿功不是南派武学所长，但罗汉拳的腿上功夫却不容忽视。与“北腿”的高起飞踢不同，罗汉拳为低腿劲踢，配合多样化的步伐，隐蔽性大，重心颇稳，每每能出其不意，一招制敌。

◆金刚拳

金刚拳是我国北派少林拳法中较为古老且具有代表性的拳种。其完整的体系，丰厚的武学内涵，独特的技术形式，简洁实用的自卫临战值，均使其立于中国传统武术之林，并占有重要的位置。

金刚拳属于近身搏斗型拳法，讲究招招有势，势势有法，法法有用。金刚拳是一种具“原生态”的古拳法，拳势古朴，遒劲雄强，凶狠果决。整体拳法四段，九九八十一动势，具有发力猛重、疾稳、沉实、整透的风格，及招势简洁、短促迅疾、拳腿互用、攻防并施、避实击虚、刚柔相济的运用特点。手法上善于连打重击，来去风速，劲路奇出，斩钉截铁，势如破竹，得势近身，低腿为先，短拳肘变，顺擒摔翻，拿压固控，得机相授。因此技法上讲究远之拳足，近之膝肘，靠之以摔，相机以擒。

◆**八仙拳**

八仙拳是中国民间传统武术百花园中的一朵奇葩，在武当武术中有武当(醉)八仙拳，又称“醉八仙”。

八仙拳是模仿传说中的八仙，如汉钟离解衣，蒙蒙胧胧；吕洞宾饮酒，似醉非醉；铁拐离独步下云梯，如灵猿出洞等等，表现醉形、醉态。因其拳行招走势如醉汉，故名“醉拳”。其醉打技法取之于柔化巧打拳种，成形于明清。醉拳将地术拳法、醉形溶为一体而独树一帜。八仙门拳法劲力讲究惊涌二力，以惊为速，以涌为形，二者相合，带动内力，顺形而发。讲究眼捷手快，形醉意清，随机就势，避实击虚。闪摆进身，跌撞发招。身法矫健，刚柔相兼。醉而不乱，以醉态攻其不备，以醉步攻其无形。

◆七星拳

少林七星拳原是少林七星门的看家拳，也是少林武术的基础之一，与长护心意门同属小架拳类，素有子母拳之称，七星拳短小精悍，灵活多变，且有拳打卧牛之地的特点。

七星拳是现在少林寺地区流传最广的套路。它练起来动如猫，行如虎，参照天下北斗土星定位，动作架势以它独有步型、步法而组成。步型要求两脚前后站在一条线上并齐，称为小缩身，这个动作也是考验少林武师在练习少林拳时的功夫深浅的标准。其动作大开大合，气势逼人，则有迅雷不及掩耳之势。

该拳的风格特点是：手法凌厉，腿法多变神奇、身法自然巧妙，功架大开大合、舒展大方，手、眼、身法、步、精、气、神、内功浑然一体，犹如楚霸王临阵，其势雄猛。

该拳的风格特点是：手法凌厉，腿法多变神奇，身法自然巧妙，功架大开大合、舒展大方，手、眼、身法、步、精、气、神、内功浑然一体，犹如楚霸王临阵，其势雄猛。

◆佛汉拳

佛汉拳亦称“佛汉

捶”，俗称“佛拳”。此拳起源于河南嵩山少林寺，是寺内武僧徐修文取诸家拳法之精华创编的拳种，它一直为寺内高僧专练之术，秘不外传，故流传社会较晚。主要分布在山东、吉林、河北一带。

佛汉拳惯于施展擒拿、分筋、挫骨、点穴、闭气等技法，运用名暗柔硬功，强调闪身贴近，挨身肩靠，转身背撞，拧腰胯打，讲究呼吸得法，力从腰发，摇身加晃膀，动动带身法。以敏捷为主，低进高退，落地生根。全身各法运用协调一致，内外合一。体现一个“整”字，在技击中强调以变应变，滚打巧拿，讲究一式跟三打，一打有三破，做到身灵、步活、眼到、手到，上下相随，完整一气。佛汉拳以徒手练习为主要内容，以对打为主要形式，强调实用，动作精巧紧凑，敏捷灵变，刚柔相济，练功练拳，二者兼能，互为致用。功法有铁把功、回拉转、五龙出洞、保守式。

佛汉拳发展至今，在短短100多年里，倾吐了佛汉拳历代先师的心血及智慧的结晶，它事例了中国古典哲学、医学、武学、人体力学，遵循佛家、儒家思想，特别吸收了道家太极阴阳学论，形成具有独特优点的拳学体系。它以人体为依据，以实战求真为宗旨，具有结合性、科学性、实用性、健身性四大特点，它以贴身靠打，擒拿分筋挫骨，点穴闭气为长。运用明暗柔硬劲，内外兼修，全身各法运用协调，精气神高度统一。刚柔相济，虚实分明，周身一家，浑圆一体。

第四章

中国武术器械套路系列

中国武术源远流长，在前人的不断摸索、总结、归纳后编创了不少令人惊叹的武术套路，器械套路是武术套路之一。不少套路十分出彩，堪称绝佳，甚至有些器械套路堪称举世无双，直至今日也让人们如雷贯耳。武术器械套路共分为以下几大类：剑术、刀术、棍术、枪术，在诸多器械套路中有不少已经失传，或者传者少之甚少，但是武当剑、太极剑、六合刀、八卦刀、六合棍、镇山棍、杨家枪、六合枪这些套路比较著名，且流传至今。

剑术

◆青萍剑

青萍剑是一套经典、实用的稀有剑术，风格独特。青萍剑术发源于江西龙虎山天师府，为潘元圭道长所创，距今已有近三百年历史。全套剑法原为六趟365式，后经历代传人的潜心研究和实战磨砺，发展成现在的六趟373式。

青萍剑招多势美。其套路结构严谨，剑法规整、剑路近捷；变化多、少重势；这是其他剑术所不具备的特点。青萍剑的姿势名称整齐优美，且寓意深远，大气恢宏。其中，有采用民间传统习惯，像“白鹅亮翅”、“拨草寻蛇”；有的根据姿势形象命名，像“仙翁扶杖”、“迎风挥扇”；有的依据哲理而命名，像“否极泰来”、“至危反泰”；有的来自神话传说，像“鲤跃龙门”、“商羊舞雨”；也有的出自历史故事，像“十面埋伏”、“假途灭虢”等等。总之，名称包罗万象，极具文化内涵，有着深邃的审美和道德教化影响。

青萍剑术演练时，轻灵转折，迂回巧妙，潇洒飘逸。其动作轻而不浮，沉而不僵；在意念的引导下，强调劲力的内在表现，含而不露。达到神与意合，意与体合，体与剑合；动中求静，气沉丹田，人剑相应。因此，可使人的心绪从浮躁中宁静下来，怡养心神，超然于物外。具有极高的养生和健身价值。

在实战中，青萍剑法虚实相应，攻防交替。招中套招，式内藏式；先发、后发齐用，正出、奇胜并举。先发制人时，“敌未动我先动，先声夺人，敌随动我变机，承其仓皇失措之际，进击其虚”。后发制人时，“沉着待敌，彼不动我不动，彼初动我先至，于对方初动之时伺机制敌”。有时先立于不败之地，以正道制敌；有时入穴擒虎子，于万险之中出奇制胜。

青萍剑术柔和、儒雅、舒展大方，适于健身，又雷厉风行、招不虚发，长于战阵，堪称武林瑰宝。

◆武当剑

武当剑是武当派中武当拳械的极具代表性的剑法，也是我国优秀传统器械武功。据云传自武当，乃祖师洞玄真人张三丰受真武大帝之大法，为护道降魔而创此剑术。赵宋时徽宗诏之，因北方多匪，道路阴梗而不能进，祖师以剑飞击之，群盗尽被歼灭。故此，武当剑术同名于天下得以“天下第一剑”之美称，成为我国道教圣地武当山镇山剑术，数百

★武当剑

年来因其术玄秘，受道教自我封闭“道不乱讲，技不乱传”原则的影响，仅限嫡传单授直至近代丹派武当剑仅嫡传至第十二代。

武当剑讲究太极腰、八卦步、形意劲、武当神。曾有赞武当剑诗云：“翻天兮惊飞鸟，滚地兮不沾尘，一击之间，恍若轻风不见剑，万变之中，但见剑光不见人”。故武当剑“剑无成法”，因敌变幻，虚实互用，端倪莫测。

武当剑主要以抽、带、提、格、击、点、刺、崩、搅、压、截、劈等十三剑法应用变化而成。

丹派武当剑系武当派内家剑法，其特点在剑道中以神为先，全凭神意，神足而道成，要求“神、剑、身”三者合一，它不同于一般的“剑身合一”剑术，要做到“身与剑合，剑与神合”是丹派武当剑的实质，在剑法运用上风格特点要体现“太极腰，八卦步，形意劲，武当神”之要领，其剑战术原则以乘虚蹈隙，因敌变化，不拘成法，顺人之式，借人之力，以静制动，后发先至，避实击虚，以斜取正，走化旋翻，轻稳疾快，丹派武当剑素以奇巧善变的剑法著称，集各派剑术之长，不仅有前后左右之变，还有腾空击舞，滚翻地躺之法，动如轻风，稳如山岳，一发即至，含有“空中舞剑”、“地盘旋剑”、“人中合剑”等概括天、地、人三合一的剑法，为武当各派剑术之根本，全套单练剑法为132式，包括起式、收式、分为六路，各路21式，演练时可以分路单练，也可以连续演统，剑路可长可短，无花招舞姿与重复之式，堪为武林瑰宝，国术精粹，全套剑法演练时间需十五分钟，每路单练时间一般两到三分钟，根据演练者身体、年龄、功底情况也可采用缓慢速度，量力而行。

◆三才剑

三才剑属于内家剑，民国年间，由李景林创编，三才即天才、地才、人才，该剑理论深邃，融合了道家的阴阳学说和天人合一的理念。三才剑是一种融合少林剑与太极剑某些特点于一身的剑法，套路流传于民间，观赏性和技击性都很强，但是会练这种剑的人却并不多。三才剑比太极剑快，但比少林剑慢，刚柔相济，需要舞剑者双手交替舞剑，剑花让人眼花缭乱，舞剑者闪转腾挪，身形快而不乱，剑法凌厉而舒展，透出一种寒气逼人的美。它吸纳了以刚见长的外家剑少林剑的特点。掌握精髓后，习剑者不但有剑时可以攻防，无剑时拳剑相通，也可以达到健体、防身的目的。

◆太极剑

太极剑是太极拳运动的一个重要内容，它兼有太极拳和剑术两种风格特点，一方面它要像太极拳一样，表现出轻灵柔和、绵绵不断、

★太极剑

重意不重力的特点，同时还要表现出优美潇洒、剑法清楚、形神兼备的剑术演练风格。

太极剑是属于太极拳门派中的剑术，具有太极拳和剑术两者的风格特点。太极剑作为太极拳系列的组成部分，在古代剑术的基础上，改造发展而成。“四十二式”太极剑具有独特的风格特点，动作柔和、舒缓，美观大方，体静神舒，内外合一。

◆螳螂剑

螳螂剑是一种与众不同的独特剑法，流传于辽宁、沈阳、大连、四川、成都、重庆等地。它双手持剑，剑身超长，并且动作古朴，剑法迥异，发力苍劲而浑厚，使人耳目一新。其经典剑法有：螳螂抖翎、螳螂捕蝉、回马剑、杀首剑，步型多以跟步、跪步、半马步、双弓步为主。螳螂剑是螳螂门派中最具代表性的兵器之一。

螳螂剑亦称双手剑或螳螂双剑，是少林螳螂门中优秀的器械套路。以刺、点、崩、格、劈、撩、拦、绞、截、斩为主要剑法，具有独特的剑法风格，突出体现招招相连、一环套一环、势势相扣、结构严紧、勇猛异常。

剑法以技击为主，要求身步协调。身剑混合一体，以刚为主，刚柔相济，突出地体现了螳螂剑的特点。

刀术

◆八卦刀

八卦刀属八卦门器械。在八卦门中甚为流行，凡习八卦掌者，多数都会练八卦刀。

八卦刀是以刀术的基本刀法为基础，结合八卦掌的特点创编的套路内容。八卦刀的规格和其他门的刀规格不同，比一般刀要长、要重一些(刀长四尺二寸，刀柄长一尺二寸，刀身长三尺)。演

★八卦刀

练起来刀长身矮，但见刀走不见人行，随着步法的起落摆扣，身法的左转右旋，变化出劈、扎、撩、砍、抹、带、摊、拉、截等刀法，绵绵不断，滔滔不绝，似游龙，如飞凤，变化万千。

演练此刀与子午鸳鸯钺一样，必须有八卦掌的基本功夫。此刀的基本刀法为叼、推、拉、劈、撩、扎、抹、分、截等。推演变化为叼刀截腕、推刀转环、拉刀平扎、转身截拦、劈刀转进、撩尾转环、扎截削进、护腿剪腕、惊上取下、闪身斩腰等式。其中要点是刀法分清，招招不离身体的变化，腕要强，腰要柔，步要轻；其闪转全在腰之灵活，其进退全在腿之快速；其撩、扎、拿、劈、剁俱在腕之灵活有力。

◆六合刀

六合刀是从形意传统套路——六合拳中变化出来的。形意拳的前身曾叫“心意六合拳”、“六合拳”，是一拳种的名称。

六合刀是其师吕瑞芳先生所传，该刀属六合拳中的短兵器，共36势，此刀朴实无华，简洁明快，势势劲力浑厚，气势逼人，实用性极强，习至纯熟刀随身换，刀人合一，随意变化，至今此刀已不多见。

◆五虎断门刀

五虎断门刀是少林八发门主要器械套路之一，其动作以撩、砍、抹、跺、劈、崩、勾、挂为主。其次是扎、切、绞、架、横扫刀等，结合腕花、背花、缠头、裹脑。动作敏捷精灵、刚劲有力、勇猛矫健、神情兼备，是一套难度较大的刀术。这套刀术在运用上，结合身形步眼，编排合理，招数清楚，是一套风格独特的传统套路。

五虎断门刀是传统刀术的一种，它的主要特点有扎、撩、劈、滚、砍、拿；还有对身法要求的风摆荷花、叶底藏花等。有对身法刁钻要求的时迁杀鸡、左右护肩。五虎断门刀共有三十个动作，是广大武术爱好者喜爱的套路之一。

棍 术

◆镇山棍

少林镇山棍相传数百年，是我国宝贵的传统文化遗产，由于历史的久远与沧桑，终以“武道家学”的形式承袭保存至今，可谓尘封已久，实为珍贵。

该棍法招招有势、势势有法、法法有用、奇绝古拙、长短兼用、势法齐整。在实战中，有拨、拦、圈、拿、绞、缠、撩、挂、挑、截、封、压、轴、击、扫、劈等技法。

★镇山棍法

◆六合棍

六合棍即少林六合棍对

★六合棍法

打，共六路，少林寺六合门器械对练套路，是少林武术中的精华。因主要讲究内三合：心与意合、意与气合、气与力合，外三合：手与足合、肘与膝合、肩与胯合、内外相合、六合相合；由六种棍法绝招组合而成，故称“六合棍”。这个套路是两个人以实战为基础的攻防对打。其特点是：真打实战、短兵相接、棍法简捷、直取快攻、一招制胜。

少林六合棍一直是少林寺密不外传的震寺之宝，经过历代武术高僧的不断修正和完善，其棍法之精妙，已经达到炉火纯青的境界。

嵩山少林寺久已失传此棍法，今河南郑州发现传人：民间拳师马树森，此少林六合棍与今河南登封地区传承的少林六合棍法不同。

◆夜叉棍

少林棍法是少林武术的重要组成部分，自十三棍僧救唐王之后，少林棍法更是名扬天下。

少林夜叉棍，其棍法多变，以扫、拨、云、架、撩、戳、劈、舞花、挑、点为主要技法，尤其挑点戳棍法较多，体现了少林棍谱中讲的“三分棍法七分枪法”的棍法要旨，是不可多得的精华套路。

◆盘龙棍

盘龙棍这种兵器，在民间也称“梢子棍”，是因为盘龙棍前面一截短棍由铁环连接，挥动起来犹如鞭梢，能产生“鞭击力”，击中目标后更具渗透性而得名。说起它的来历，还与宋太祖赵匡胤有关。

拳打一线，棍打一片。武当盘龙门盘龙棍讲究的是桦棍劈出，力发腰间，也就是劲整动齐，全身力量集于棍端，力扫一片。步形身法也讲究灵活自然，身棍协调，形成进也打，退也打，上下左右一起打的局面。

◆大梢子棍

梢子棍，是武术软器械之一。古时称连挺、连筵、铁链夹棒、铁连枷、盘龙棍等。因其形状与农家打麦脱粒用的连枷相似，故俗称连枷棍。又因是由梢子和棍身连成，又称梢子棍。

梢子棍携带方便，对于经常出差在外的人可用它挑担包裹，又可作钩用。此器械比棍的威力更强大，在棍的前方加一一个梢子头，把棍的用处发挥得淋漓尽致。由于梢子头比较短小，灵活性很大，所以击打力也非常强大，往往令对手防不胜防。其主要用法有：缠、劈、扫、点、砸、捣、戳等。

连枷棍的形状决定了它的技术风格、执法特点。因其形制特别，故兼长、短、软、硬、双诸器械的特点，大连枷棍的基本技法有抡、劈、戳、甩、砸、拦、摇、挂、缠、拨、圈、摆、扫、云、绞、摔、舞花、撩等；手连枷演练时一般无舞花动作，其套路一般都短小精悍，演练时勇猛泼辣，左右连环，狂逼暴击，软中带硬，边走边舞，其棍气急势厉，气势磅礴。因有铁环相接，故挥舞起来叮当作响，较之粗犷勇猛的棍术更要威猛。

连枷棍的主要动作有雪花盖顶、古树盘根、金鸡过岭、背后插花、野马分鬃、朝天开花、地下十八滚、朝天一柱香、滚塘梢、乌龙摆尾、狮子大张口、白马献蹄、怪蟒翻身等。主要步法有跃步、跟步、弧行步等。步型主要有马步、半马步、虚步、仆步、跪步、丁步、弓步等。腿法有侧踢、弹腿、撩阴腿等。套路有梅花梢、连环梢、地趟梢、泼风十八打、虎尾梢等。

◆五虎群羊棍

五虎群羊棍是顺式门（梅花拳派）的一路实战性很强的棍法，棍打四面八方，基本棍法有桃、劈、挂、扫、绞等等。

★五虎群羊棍法

五虎群羊棍是陈氏太极器械套路中长器械的一种，汇集枪、棍的特点。结合陈氏太极拳中缠绕沾粘法而风格独具。

此套路严密紧凑，在太极拳协调身法的配合下，充分显示枪、棍合一的独到特色。真正体现出了五虎群羊棍和太极拳相互结合的神化无穷、变幻莫测、气势磅礴的威武效应。

枪术

◆杨家枪

杨家枪，全名为“杨家梨花枪”，传为南宋末年红袄军首领李全的妻子杨妙真所创的枪法。

杨家枪被武林界公认为第一名枪，因舞时如梨花摇摆，又名梨花枪。

杨家枪手执枪根，出枪甚长，且有虚实，有奇正。进其锐，退其速，其势险，其节短，不动如山，动如雷震。最绝妙之招是在一得手后便一戳，敌放一失势便无再复之隙。杨家枪基盘在两足，身随其足，臂随其身，腕随其臂，合而为一，周身成一整劲。杨家枪单练套路有常合枪32式等，对练套路有24式等。

◆岳家枪

岳家枪在岳家拳械系列中占据首要位置，技击方法独特，号称枪中之王。岳家枪动作古朴，招招制敌，一击必杀，进攻有刺、戳、点、扫、挑；防守有格、拨、架、挡、淌。它的独特之处是将防守和进攻两动融为一体，攻防一次完成；防中带攻，攻中设防，使敌人无还击之机。岳家枪的绝技有“大漠孤烟”和“长河落日”。

◆六合枪

六合枪是传统枪术之一。枪法以拦、拿、扎、为主，动作简洁明快，枪法丰富攻守变化都在瞬息之间，演练起来动作优美能给人以美的享受。六合枪的六合分为内三合、外三合，内三合为“精气神”，外三合“腰手眼”。

枪法以拦、拿、扎为主，还有搕、挑、崩、滚、砸、抖、缠、架、挫、挡等。但没有常见的舞花。因大枪体长，动作幅度大，练习大枪要求身不离枪。枪不离中心。要有雄厚的臂力、腰力、腿力和良好的身法与灵敏的步法。

◆峨眉枪

峨眉枪法在明清枪派中占有重要地位。它的创始人是四川峨眉山普恩禅师。相传普恩遇异人授以独特枪法，他经两年于秘室研习，始彻悟其枪理与精义，遂挟枪技游弋武林，无有比肩者，名重一时。普恩将其枪法传于徽州程真如和月空行者，二人将这技艺风格独特的枪法带回中原进行传播。后来程真如达其义，手著成书，命名为《峨眉枪法》传于朱熊占。朱熊占于1662年在鹿城盛辛五家中巧遇江苏太仓人吴殳，朱熊占慧眼识人，收文武兼备，年已51岁的吴殳为徒，亲传峨眉枪法并赠其书。吴殳于1678年将《峨眉枪法》收入他的名著

★峨眉枪

《手臂录》使其流传千古，成为武林名枪之一。

峨眉枪法的内容与特点是只有扎法十八、革法十二，不言立势，不言步法，攻守兼施。

峨眉枪法理论体系较为完备，讲究用技易，练心难，强调意气力技综合发挥的重要意义。提出宜静、宜动、攻守、审势等技击战略战术法则和枪法诀要。

第五章

中国古代兵器系列

中国古代有“十八般武艺”之说，其实是指十八种兵器。至于究竟是哪十八种，历来说法不一，一般是指弓、弩、枪、棍、刀、剑、矛、盾、斧、钺、戟、殳、鞭、锏、锤、叉、钯、戈。在这十八种兵器中，有的已被淘汰，像殳、戈；有的已经演变，像钺，原是古代的一种大斧，现在却变成一种小巧兵器：有刃有钩，双手可各持一个，如子午钺。而中国武术中的兵器远不止十八种，如果加上各种奇门兵器和形形色色的暗器，其总数恐不下百种。本章将简述有关兵器即古代短兵器、古代长兵器、古代冷兵器、古代暗器。

中国古代短兵器

中国古代有“十八般武艺”之说，一般是指弓、弩、枪、棍、刀、剑、矛、盾、斧、钺、戟、殳、鞭、锏、锤、叉、钯、戈。所谓短兵器，是指其长度一般不超过常人的眉际，分量较轻，使用时常单手握持兵器。最常见的短兵器是刀和剑。

◆刀

刀是一边开刃，以劈砍为主的武器，历代不管是军队还是绿林好汉都用，大批流行于汉朝的环首刀（就是这刀赶走了匈奴，构成了横扫欧洲的“上帝之鞭”），其分很多种，如腰刀、柳叶刀、环刀、朴刀，还有一些武将所爱的骑在马上使的大型刀。

★ 九环刀

◆剑

两边开刃者为剑，在欧洲剑和刀是没有区别的，它们都是一个单词，中国剑的历史十分悠久，可以追溯到商朝以前，大批装备部队是在东周时期，特别是秦朝的剑，长达1.5米以上，为的就是在战车上发挥更大的杀伤力（当时只有赵国是以骑兵为主，大多国家仍是以战车为主战兵），后来由于刀的盛行，在部队离逐渐代替了剑，使剑只成为将军的武器或者是装饰。在明朝有例外，当时戚继光为了摆平倭寇，从而制造了重剑来对抗外敌的锋利的太刀，但是这种重剑还是没有德国十字军骑士1.8米的重剑那么猛。

剑的风格轻灵潇洒。剑术分单剑与双剑两种。有的

★剑

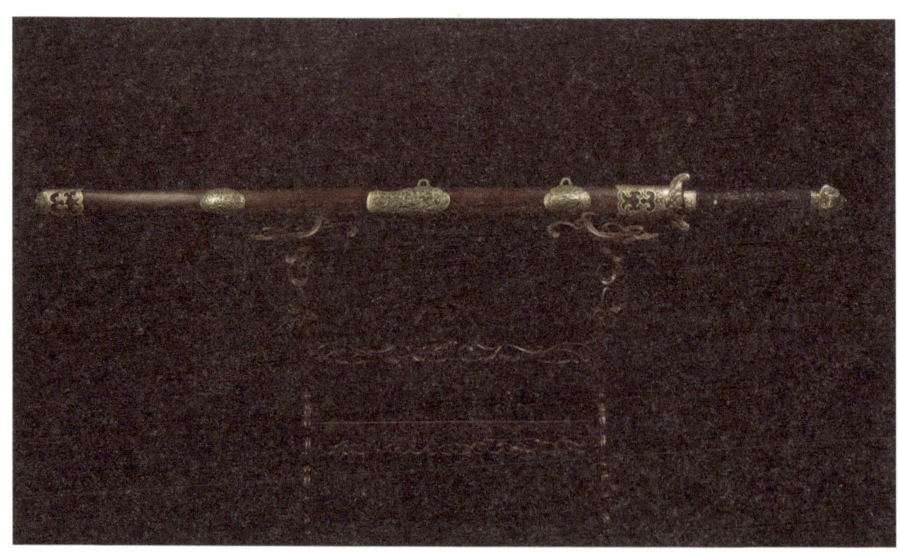

剑在剑柄上配有剑穗，又称“剑袍”，称为“文剑”。无剑穗的剑称“武剑”。

◆鞭

鞭，中国古代兵器之一，短兵器械的一种。鞭起源较早，至春秋战国时期已很盛行。鞭有软硬之分。硬鞭多为铜制或铁制，软鞭多为皮革编制而成。常人所称之鞭，多指硬鞭。硬鞭为钢制，共十三节，俗称“竹节钢鞭”，末端尖锐，以劈砸为主，亦可挑刺。软鞭俗称“九节鞭”，由九节细钢棒或细铜棒连缀，长度略次于身高，其动作以缠绕和抡圆为主。常用的鞭法有劈、扫、扎、抽、划、架、拉、截、摔、刺、撩等。

鞭有以下种类：

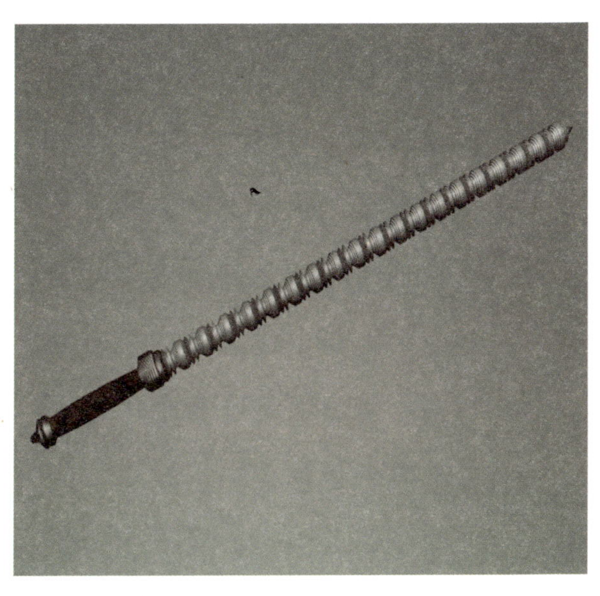

★水磨钢鞭

方节鞭：由鞭身和握把组成。鞭身为十一节方形铁疙瘩组成。鞭把为圆形铁制。用时可以用鞭身击打，也可以用鞭尾之小鞭甩击。

秦家鞭：此鞭鞭长四尺，通体为长铁杆。其上下两端各有一突出的圆球。无明显的鞭把和鞭尖的区别。

其用法同硬鞭。

雷神鞭：属硬鞭。其鞭长四尺，鞭把与剑把相同。鞭身前细后粗。共为十三节，形如宝塔。鞭身为方形，每节之间有突出的铁疙瘩。鞭尖成方锥形，有利尖。鞭身粗一寸有余。把手处有圆形铜护盘。鞭重三十斤，通体为铁制。

水磨钢鞭：短兵器械之一，属于硬鞭。鞭长三尺五寸，鞭把为五寸，鞭身长三尺。鞭身后粗前锐。呈方形，有十三个铁疙瘩，鞭头稍细，为方锥形。鞭把粗为一寸三分。鞭头鞭把三处均可握手，能两头使用。

竹节鞭：属于硬鞭。其鞭长四尺半，把手为圆形，上有若干突出圆结，便于握手。把手前有圆形护盘。鞭身前细后粗，呈竹节状，共有九节或十一节不等。鞭身顶端很细。通体为铁制。

◆锏

锏，（铁）鞭类，长而无刃，有四棱，长为四尺（宋制四尺为一米二），锏多双锏合用，属于短兵器，利于步战。锏的分量重，非力大之人不能运用自如，杀伤力十分可观，即使隔着盔甲也能将人活活砸死。技法上，与刀法剑法接近。出于晋唐之间，以铜或铁制成，形似硬鞭，但锏身无节，锏端无尖。锏体断面成方形，有槽，故有“凹面锏”之称。锏的大小长短，可因人而异（一般在65～80厘米之间）。

★锏

◆钩

钩是一种多刃器械，其身有刃，末端为钩状，护手处作月牙状，有尖有刃。常见的是双钩。

◆拐

拐俗称“拐子”，由民间老人之拐杖而演变成的一种武术器械。由铁制或木制。按其形式可分为长拐和短拐两类。长拐一般长四尺。拐柄为圆柱形。在其柄端垂直处，有一突出的横拐。使用时可双手持柄，也可一手持柄一手持拐。端拐多为丁字形，长不足三尺。短拐可双拐同使，也可以与刀剑之类兵器同使。可分为以下几类：

二字拐：在柄的两端各有一横拐，二横拐与柄垂直，因上下横拐构成“二”

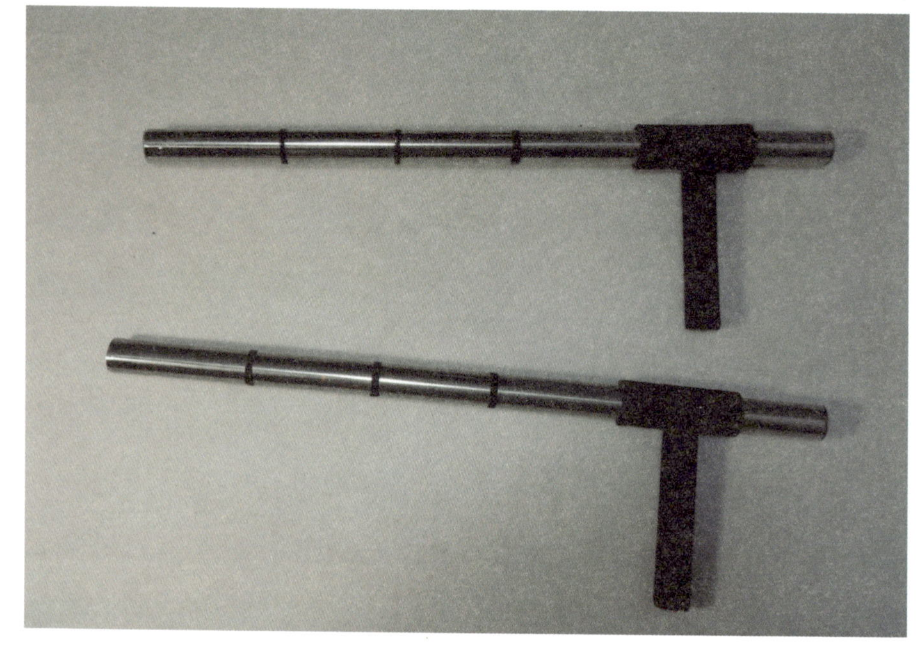

★云雀浮萍拐

字形，故名。

十字拐：柄为木制，长约二尺五寸，横柄长八寸三分，柄上端装一矛头，下为握把。横把左面为尖刺，右为月牙铲。可三面击人。拐呈十字形，故名。其横竖把相交处有四个直角，具有架、格、拨、揽等功能。

卜字拐：短拐的一种。柄上端垂直一横拐，呈“卜”字形，故名。

上下拐：短拐的一种。在拐柄的上下两端各有一突出的横柄，故名。

钩镰拐：拐柄的两端各有一钩镰枪头。距拐柄两端各三分之一处，均有一突出的横柄。横柄方向相同。其用法兼有枪、拐之特点。

鸳鸯拐：拐柄中间有一弯曲。拐柄两端各有一突出的横柄，方向相反。

◆杖

杖的横柄置于木棒末端尽头，成“丁”字形。长约1.2米，可单手使用，也可双手使用，其技法有钩、挂、崩、点、拨、撩、戳、劈、扫、击等。

◆鞭 杆

鞭杆是中国武术器械之一，为木制短棍，长度按使用者一臂加一肘长，棍粗（直径）约3.5～3.8厘米。演练时，单手或双手持鞭杆，梢把并用，常常调手换把。其击法有戳、劈、挑、扣、蹦、点、击、撩、拦、截、拨、架、推、挎、绞、压、舞花等。演练中要求手不离鞭，鞭不离身，走鞭换手干净利落，动作有左有右，身法伸屈吞吐，方法刚柔相济，力贯鞭梢。鞭杆可以单练，也可对练，套路有“十三鞭”、“三十六鞭”、“陀螺鞭”等。鞭杆在甘肃、山西、宁夏、陕西等省流行较广。

◆铁 尺

铁尺长约0.6米，细长而扁，无尖无刃，以劈砸点戳为主。

中国古代长兵器

中国武术具有形神兼备、内外合一的神韵，武术动作从格斗攻防技术中提炼出来，要求手到眼到，手疾眼快；手脚相随，上下协调；意领身随，以气催力；意识、呼吸、动作必须和谐一致。武林中最常见的长兵器是枪、棍、大刀三种。

◆枪

枪在现代一般指火器枪。枪在古代称作矛，为刺兵器，杀伤力很大，其长而锋利，使用灵便，取胜之法，精微独到，其他兵器难与匹敌。故称为“百兵之王”。武术长器械的枪由古代兵器矛演变而来。枪的长度约相当于人体直立时，手臂伸直向上的高度。枪法以拦、拿、扎为主，兼有劈、

★霸王枪

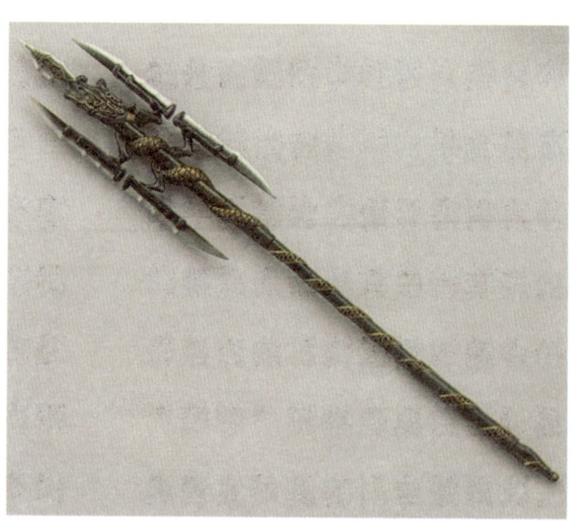

崩、挑、拨、带、拉、圈、架诸法。这是枪术的基本动作。枪术在十八般武艺中比较难学，不易掌握，俗说："年拳，月棒，久练枪"。唐末名将王彦章，宋代名将岳飞、杨再兴、杨四娘均是枪术名家。

◆棍

棍是历史最悠久的长兵器，最早被叫做"殳"。棍也被称作"棒"，古代多称棍为"梃"，名称虽异，实为一物。棍为无刃的兵器，素有"百兵之首"之称。中国武术中的一种打击兵器。棍的历史悠久，是原始社会的主要生产工具之一，也是最早用于战争中的武器之一。长度约为1.3～2.6米，也有的长达4米，截面一般为圆形，粗细以单手能够把握为准。棍是近战搏斗兵器，它的攻击范围大于刀、枪，自古有"棍扫一大片"的说法。棍有长棍、齐眉棍、三节棍、梢子棍等；从质地分有木棍、铁棍、铜棍等。早期的棍多以枣木制成，坚实沉重。后改用白蜡杆，有韧性，较轻便。棍法以威猛快速为上，

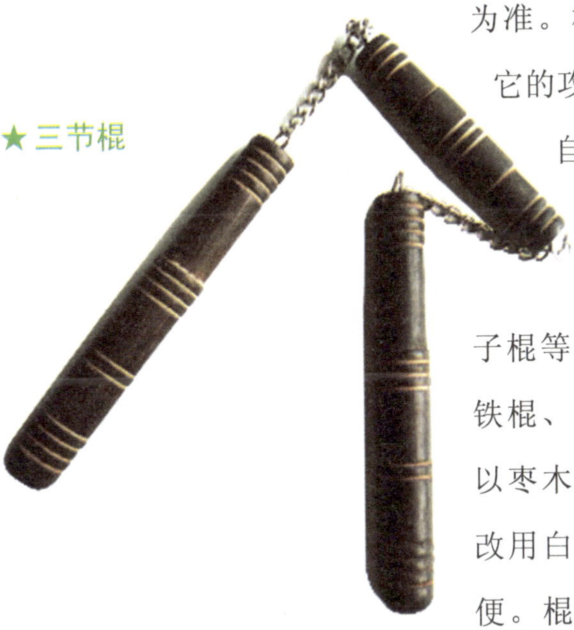

★三节棍

多有旋扫及舞花动作，打击空间较大。少林棍、昆吾棍都是比较著名的棍法。三节棍是将三节短木棍用铁环连在一起，可收可放。梢子棍是在棍之末端以铁环连一短棍。但是棍主要是造成钝器伤和淤伤，其杀伤力比刀、枪等要小。

◆戟

戟是矛和戈或者是枪和刀的合体，它的杀伤力是很强的，既可以像矛一样刺击，也可以像戈和刀一样钩、挥和劈砍。在欧洲，戟的装备和中国是不同的，欧洲中世纪以装备步兵为主，而中国早在上古时期就大批装备部队，到中古时期已经从步兵到骑兵了，步兵则以轻便的长枪代替。中国的戟主要分3种，一种是最老的戈戟，这种种类最多，装备最广，也是最先淘汰的；二是南北朝出现的门戟；还有就是武将最喜欢的方天戟了。

戟在南北朝以前是一种流行兵器，有长柄单戟和短柄双戟两类。在末端置有左右两个月牙的，叫“方天戟”；仅有一侧有月牙的，叫“青龙戟”。

◆叉

叉在古代多为猎户所用。末端分两股的，名“牛角叉”；末端分三股的，名“三头叉”或“三角叉”，俗称“虎叉”。叉法可锁拿对方兵器。练叉者多在叉身上套上若干铁环，演练时可哗哗作响，俗称“滚叉”。柄长7～8尺，重约5斤。三

★牛角叉

股叉中锋挺出3～4寸，叉的尾端有瓜锤。早在远古时代就有捕鱼的“飞叉”。在陕西西安半坡村遗址出土的原始“鱼叉”，尾端带有结节，便于系缚绳索，使用时将叉掷出，然后抓着绳索将叉收回。叉把由木制或铁制，粗可盈把。按其部位可分为上把段、中段、下把段和把尖。上把段为其顶端接叉处。上把段至把中部为中段，再下为下把段。底端为把尖。叉的主要击法有转、滚、捣、搓、刺、截、拦、横、扦、捂、挑、掏、贯、

拍等。

◆铲

铲是武术器械之一，是薄体阔刃的长兵器。铲是由生产工具演变而成的古代战争兵器和武术器械。铲也是古代百姓和僧侣随行的武器。铲头一般是铁制，但杆有木或铁制两种。铲长六七尺。其中头长一尺二寸，扁平的呈弯月形，月牙朝上，忍薄而锐，向后渐丰厚，底部有一套筒与柄连接。铲柄尾部装有钻，可作刺点用。有的铲头，底部两角各凿一孔，上套粗大铁环，舞动声声作响，以增威势。主要击法有推、压、拍、支、滚、铲、截、挑、拨、劈、冲、摇等。有童子拜佛、乌龙摆尾、二郎担山、出山门等。演练时多走身法，风格别致。

◆钯

钯是从农具演变而来的兵器，其末端装九齿铁钯，齿锋利如钉。钯全长2.4米左右，重2.5公斤，可拍击，也可防御。

◆大刀

大刀刀身形制不一，种类也颇多。如：刀口圆若半弦月者，名偃月刀；刀身宽大者，名宽刃刀；刀身细长者，名眉尖刀；还有屈刀、笔刀、凤嘴刀、挑刀、片刀、虎牙刀、象鼻刀等。大刀各部分名称为：刀头、刀身（刀刃、刀背）、护手、刀把（上把、中把、下把、把尖）、刀穗等。将刀身后装上长柄，又名“春秋大刀”、“偃月刀”、“长刀”。唐代大刀全长达3米，重7.5公斤，两面有刃，称为“陌刀”，当时军中专门组建有陌刀队。武林中所用大刀皆是一面有刃。另有一种朴刀，其刀柄比大刀短些，刀身窄长，双手使用。

近现代武术运动中，一般刀身约长55厘米，一面有刃，前锐后阔，栖长约165厘米，刀背凸牙有孔悬系红缨。刀根与柄连接处有刀盘，柄贴盘部包有约20厘米的铜皮，名“定手”。柄尾安有铁铸。大刀在演练中都是双手握持，以腰力发劲，一动一静都表现出雄浑威武、勇敢果断的气势。刀法内容丰富，灵活多变。其基本刀法为持、扎、劈、砍、撩、反斩、平斩、切、扑、击、点、夹花、刺、抽、抹、单花、拖、拉、拨、拄、画、挂、挑、削、绞、架、挡等。俗话说：“大刀看刃”，就是指动作时要背（刀背）、刃（刀刃）分明，各种刀法要做清楚，不可含糊。另外，还有“手不离盘”之说，即练习时右手不能离开刀盘下边的定手处。大刀的套路有：春秋刀、混元刀、天罡刀、定未刀、岳胜刀等。对练套路有：大刀拆凳、大刀战枪等。

中国古代冷兵器

在中国古代，中国的冷兵器可谓是品种繁多，眼花缭乱，虽有中国18般武器之说，但是要真数起来，中国的武器远远多于18种，不管是从常规武器、特殊武器、暗器、绿林武器来看，这与同时代的欧洲的不论是罗马军团还是十字军，还是哥特骑士、条顿骑士、圣约瀚骑士团等等，任何军事集团都无法比拟的。再者，当时中国的冶炼技术和制弩技术远远超过中世纪的欧洲，都要比欧洲先进得多。所谓18般兵器之说，应该是只限于中国古代军制中规定的18种正规兵器。

◆矛

矛最长是长达4米的，主要是用于车战的，骑在马上的矛通常叫槊，短矛和标枪(投矛)叫枞。另外还有一些特殊的矛如蛇矛、刺矛等。

◆戈

戈是中国的特色兵器，它和古埃及的镰头剑一样是世界上独一无二的民族兵器。但是戈并不是杀伤很强的武器，戈的种类繁多，从夏朝倒汉朝都一直在流行，到隋唐基本绝迹。戈是中国

★戈

的老兵器，因为是横刃，所以以钩、啄、挥、推为主。

◆挝

挝就是以敲打为主的轻兵器，像三节鞭，双节棍，九节鞭之类的武器。是刺客和绿林游侠的喜爱武器，方便灵活。

◆镗

镗是一种重威力的武器，古今使用的人比较少，可能是因为其比较笨重原故。《隋唐演义》中天下第二猛将宇文成都和第六猛将伍天锡分别是用的镏金镗和混金镗，都重达200斤以上，虽然小说夸张了点，但是真要是一镗砸下来，戴着头盔也能把天灵盖砸碎。镗就是叉的加强版，比叉更重，更具杀伤，一般镗的逢刺多达5个，最边逢刺上都有反刃。

◆锤

锤是古代最具杀伤的单兵武器，不但从外表上能看出锤的威慑，最主要是锤是能对付身穿重甲的武士。不管是在中国或是欧洲骑士，都有用锤的记载。中国隋唐第一猛将李渊第四子李元霸手拿一对每个重达400斤的金瓮破天锤打遍天下无敌手；大唐薛家将的薛奎用的八棱金锤打得突厥闻风丧胆；南宋名将岳飞的长子岳云也是使用的银锤横扫金军。在欧洲为了对付穿全身盔甲的骑士，许多军队装备巨锤。从而有了“皇家之锤”、“铁锤查理德”等词语。其实锤不能算完美的武器，正因为它太重，没几个人能拿得起，所以在中国古代在部队里是准备不多的。

★流星锤

◆流 星

流星并不说就是流星锤，而是绳索武器的总称，比如绳枪、流星锤、链锤。在欧洲有种叫枷连的武器，其实就是装有柄的链锤，能绕过敌人的盾，或者防御姿势对其进行打击，其实和流星锤是一个道理。这种武器攻击性很强，对手很难防御，但是由于自己的武器是软性的，所以自己的防御也不怎么好。这样的武器在部队里除了某些有性格的武将当辅助武器外，是不进行大规模装备的。但是却是一些强盗经常使用的。

◆斧 钺

斧钺中大的为钺，小的为斧。钺在实战中使用的时间不长，估计很多朋友都不知道，它在夏商西周是战车上的具有巨大威慑的重武器，也是天子的武器，后来由于太过笨重便被淘汰了，从此以后钺只能作为礼仪武器。而斧的发展就比钺幸运得多，中国历代都有人使用斧，不管是大唐开国元勋程咬金用的宣花车轮大斧，还是绿林中梁山好汉李逵用的板斧，种类很多。斧的杀伤很强，属于重兵器，以劈砍为主。

◆棍 棒

棍棒是最基本的武器，也是古代最实惠的防身武器。从棍来看，有乌有棍、齐眉棍、盘龙棍之说，从棒类看有哨棒、铁箍棒、狼牙棒等，总之棍棒可以混为一类。

◆弓 弩

弓弩就不能不提箭，弓弩是力量的来源，箭则是力量的载体，载体的性能对力量的发挥有相当影响。设计成熟的箭，通常分为箭头、箭杆和箭羽三部分，箭头是战斗部，箭杆是平衡部，箭羽则是调节部。

中国古代暗器

所谓“暗器”，是指那种便于在暗中实施突袭的兵器。它们体积小，重量轻，便于携带，大多有尖有刃，可掷出十几米乃至几十米之远，速度快，隐蔽性强，具有较大威力。武林中讲究的是一对一的打斗，双方距离很近，于是暗器就派上了用场。暗器至清代集其大成，直到清末火器盛行后，暗器逐渐冷落。暗器可分为手掷、索击、机射、药喷四大类。

◆吹 箭

吹箭的使用方法是将细小竹箭藏于吹管之中，临敌之际，用力在吹管一端一吹，竹箭即从管的另一端射出。吹管为竹制，短吹管长约25厘米，长吹管长约50厘米，两端开口，外观光洁，刻有纹饰。

◆掷 箭

掷箭又名“甩手箭”或“摔手箭”，因必须甩腕发出，故名。掷箭完全用细竹制成，箭杆浑圆，前端削尖，后不加羽，犹如一根削尖的竹筷。因为此物取材甚易，制作简便，所以武林中人学者极多。艺成之后，又可举一反三，凡细短之物，如筷子、树枝之类，皆可顺手掷出御敌。但竹箭轻飘，练成不易。一般是先练较重之铁箭(重约0.3公斤)，再练装有铁镞之竹杆箭(重约0.1公斤)，最后才能练竹箭(重约0.01公斤)。相传掷箭源于嵩山少林寺，至清初才流传到社会。

◆袖 箭

袖箭有单筒袖箭和梅花袖箭两种，都是将箭筒缚于小臂处，筒之前端贴近手腕，用衣袖遮盖。箭筒内有弹簧，筒上装有机关，一按机关，筒内小箭即向前射出。单筒袖箭每次只能装入一箭，射出后必须再装箭。梅花袖箭一次可装入六支小

★甩手箭

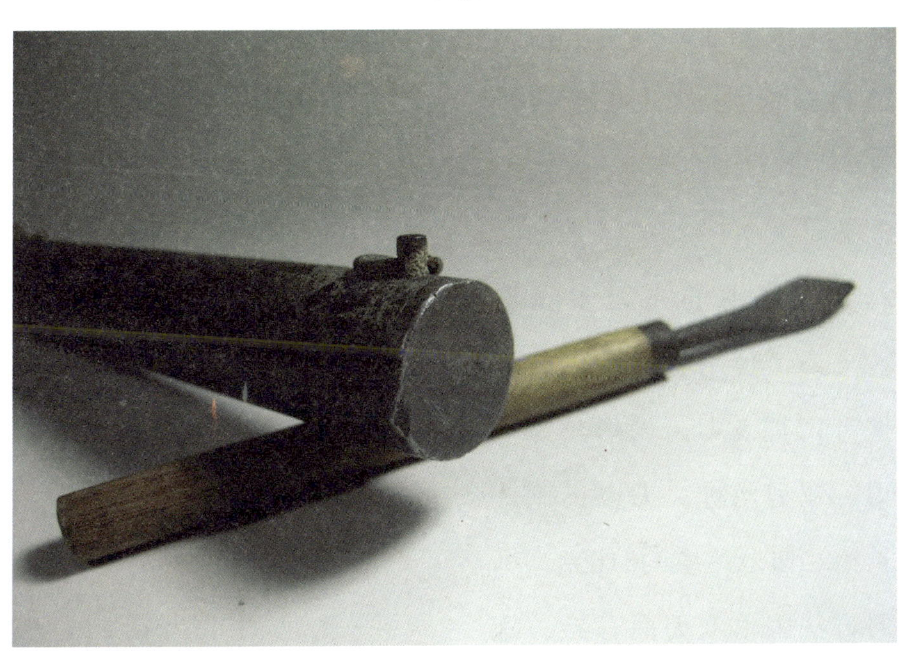

★袖 箭

箭，正中一箭，周围五箭，排列成梅花状，可连续发射。

◆飞 刀

现实中的飞刀多飞旋转飞刀，使用者最多可同时携带12把飞刀。刀形分为单刃、双刃两种。刀以钢制，长约20厘米，重约310克。练习方法因单双刃而有异。练习单刃飞刀时，以手指捏刀尖，自内向外摔出，刀在空中回转180度，刀尖着于目标；练习双刃飞刀时，握住刀柄向前摔出。练习时均使用阴手，发摔劲，发出时大多是同发数刀或连发数刀，击打对方要害部位。

◆飞 爪

飞爪的爪为钢制，略

似手掌，有五个钢爪，每个爪又分三节，可张可缩，其最前一节末端尖锐，犹如鸡爪。钢爪掌内装有机关，可控制各爪。钢爪尾部系有长索，与机关相连。

◆飞 刺

飞刺是暗器的一种。飞刺比一般暗器小，可以连发。其粗细如毛笔管，两头锋锐，中间略略隆起，以便于手握。飞刺全长约20厘米，重约0.2公斤，每12支为一排，插入袋中。可以连发，射速快。

◆飞 镖

飞镖又名“脱手镖”，有三棱、五棱、圆柱等形状，前面均为尖头。镖长约10厘米，重约0.2公斤。镖的末端常系有红绿绸布，叫做“镖衣”，长约8厘米，有助于镖稳定飞行。相传飞镖源于西域，北宋时，四川僧人得此技，后传至中原。到了清代，武林中几乎人人都学此技，至民国时依然流行。

◆绳 镖

绳镖是在钢镖尾部系一长索。钢镖比普通飞镖略大，长约0.2米，重约0.3公斤，头尖尾广，尾部为圆形，有一铁环，用以系索。绳索长约6.7～10米。平时将

★绳 镖

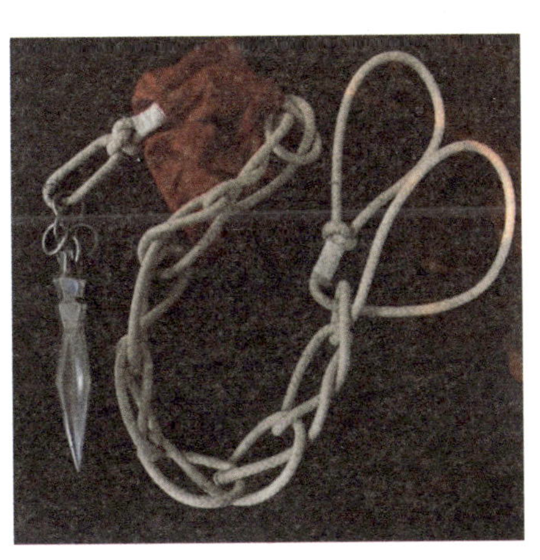

绳镖缠于腰间。绳镖是用臂腕的抖甩之劲将镖发出，可击较远之敌，发出后又可立即收回。

◆袖 炮

袖炮是一种混用火药的特殊暗器。它由古代的前膛火炮演变而来。袖炮用一根酒盅粗细的竹管制成，长约40厘米，竹管外加三道铁箍。竹管一端为炮口，周边包薄铁皮；竹管另一端为药凹，也套以薄铁。先将火药填入竹管，务要匀实，再将石珠填入。使用时，左手持竹管，用右掌猛击药凹部，激发火药爆炸，石珠即疾射而出，有较大杀伤力。

◆喷 筒

现代战争中，我们可以目睹火焰喷射器的威力。那带有钢筒的小武器发射出长长的火舌，赤焰所到之处，立即变成焦土。但追溯到它的祖先，又得翻开《武经总要》一书，查找到“猛火油柜”，这是世界上最早的火焰喷射器。它可算是个庞然大物，四足伏地，顶着一个四方形的大铜柜，上面竖四根卷筒，首大尾细。尾部开一小孔，大如黍粒；首为圆口，径半寸，柜旁又开一窍。卷筒是注油口，上面有盖。四根卷筒又扛一根横筒，筒内有拶丝杖，杖首缠散麻，厚半寸，前后束两个铜箍固定。这里的散麻起活塞作用，发射时，人在筒后用力抽动拶丝杖，压缩空气，将柜中的石油从尾部小孔喷出。那时人们称石油为

“猛火油”，因此得名，油柜上有贮火药的火楼，临放时，用烧红的烙锥点燃火药，石油喷出后，经过药楼，燃成烈焰，喷向敌人。

这种猛火油柜形体笨重，只能用于守城战斗或水战。为便于携带野战，明朝创制了喷筒类火器，不仅燃烧，也能喷毒气放烟雾。这类火器有毒药喷筒、满天喷筒、毒龙喷火神筒、一把莲、钻穴飞砂神筒、神火喷筒等。

1. 毒药喷筒

毒药喷筒是用直径2寸的竹筒一支，长2尺左右，用麻绳密缠，筒下端接5尺长的竹或木柄。竹筒内装药，先下炭多硝少的燃烧剂，再下喷射药，然后下毒药饼，一枚为一层，共装5层。发射药的装配量依竹筒粗细和药饼大小而增减。喷射火焰最远可达10丈。若击中船篷、船帆等目标，可立即燃火焚烧，散放毒烟能致敌人中毒身亡。

2. 毒龙喷火神筒

毒龙喷火神筒是专门用于攻城的高射喷筒，竹筒长约3尺，装毒火药和烂火药，悬挂在高竿上，进攻城堡时，对准敌城墙垛口，顺风燃放，喷射火焰毒烟，致使守城敌人中毒昏迷。

3. 钻穴飞砂神雾筒

钻穴飞砂神雾筒是用毛竹做筒，安装坚木柄，筒内装入含砂的火药。顺风燃放，可远至10余里，致使敌兵昏迷，然后乘机攻击，设法取胜。

明代军中装备很多喷筒式火器，这种火器制做简便，将毒药配火药装入竹筒纸筒内，筒下安装长竹竿或木柄，就可以手持放，体轻实用，很受兵士欢迎。明代兵书中记载的喷筒火器就有10余种。喷筒类火器主要用于燃放火焰、毒烟及砂砾等，以致敌军中毒昏迷，或受烟幕遮障，或飞砂伤及双目而失去判向力等等。

◆手指剑

手指剑是套在指头上的微型短剑，钢指环是套在手指上的钢质圆环，手盔是套在手背上的钢套，有突起处。匕首属于短兵器，旧时

★手指剑

武林中人常把匕首藏在腰间，于是成了暗器。手锥用铜或铁制成，末端呈三角形，后边有柄，全长约20厘米，可藏于袖中。

◆金钱镖

金钱镖即把旧时的方孔铜钱当镖来用。一般的金钱镖，多是将铜钱的周边磨得锋利，犹如刀刃，掷出时飞旋而前，仗恃其边刃伤人。功力深者，可不用磨刃，直接凭腕力而掷出伤人。但铜钱分量极轻，能练好此技殊非易事。清末民初，银元为通行货币。银元分量较重，平时多有携带，因此也有人以银元代替铜钱作为暗器。

◆飞蝗石

飞蝗石是有棱角的细长状坚石，因其外形略如蝗虫，所以叫“飞蝗石”，飞蝗石每块重约0.2公斤，平时贮于袋中，悬于腰间。飞蝗石和鹅卵石都是易见之物，可谓取之不尽，用之不竭。

◆梅花针

梅花针构造是五枚钢针在根部相连，击中敌身后，分刺五点，状如梅花五瓣。针的长度约为3厘米。

◆乾坤圈

乾坤圈是铁制圆圈，直径约15厘米，内外沿全部开刃，抛出后以旋飞击敌。

◆如意珠

如意珠即是人们随手把玩的钢球或玉球，也可用山核桃。今日武林的如意珠，多为形制较小的钢珠，重量较轻，便于携带。

◆雷公钻

雷公钻是由锤、钻两部分构成。锤为铁质，长约17厘米，木柄长约20厘米，锤全重约1.5～2公斤，与普通小铁锤相似，只是柄较短而锤较重。钻为钢质，有四棱，前尖后粗，前端极为锐

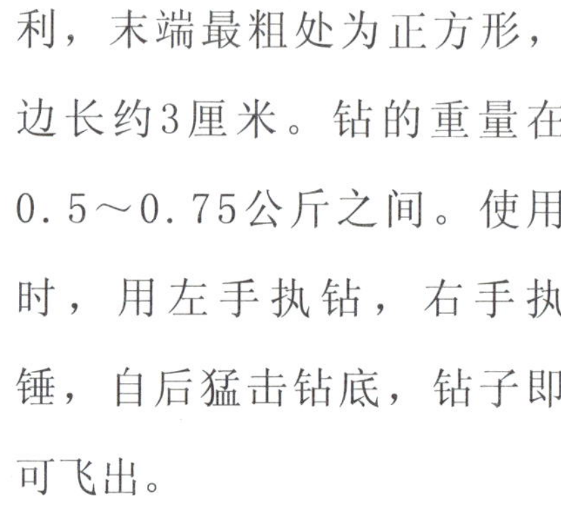

利，末端最粗处为正方形，边长约3厘米。钻的重量在0.5～0.75公斤之间。使用时，用左手执钻，右手执锤，自后猛击钻底，钻子即可飞出。

◆流星锤

★流星锤

流星锤是将长绳末端系上铁锤，掷出以伤敌。铁锤外形或作浑圆，或作瓜形，或作多棱，重约1.5～2.5公斤，最重者可达4.5公斤。铁锤后部有两眼，穿以铁环，长绳即系在铁环上。

◆鸟嘴铳

鸟嘴铳是根据在抗倭斗争中缴获倭寇的鸟枪所改

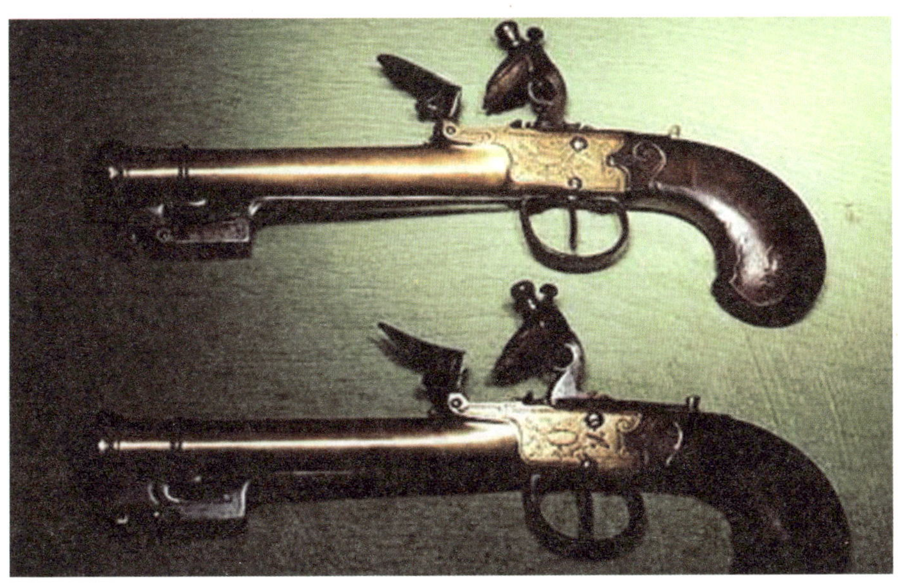

★鸟嘴铳

进创制的。用熟铁打造，重约五六斤，有瞄准具。每次装粒状黑火药三钱、铅弹三钱。发射时，先将火绳点燃安入龙头，右手开火门后紧握枪尾，扣动扳机，龙头落在火门上，燃药发射。

◆铁橄榄

铁橄榄是古代真实存在的暗器。铁橄榄又称核子钉、枣核箭，为一种外形似橄榄的防身暗器。以手投发射为主，但也有用口劲发射的。